KB134468

끈 질 김 이   이 끄 는   성 공

리 J. 콜란 지음 / 송경근 옮김
HANEON.COM

끈질김이 이끄는 성공

펴 냄	2006년 9월 1일 1판 1쇄 박음 / 2007년 6월 1일 1판 3쇄 펴냄
지은이	리 J. 콜란
옮긴이	송경근
펴낸이	김철종
펴낸곳	(주)한언
	등록번호 제1－128호 / 등록일자 1983. 9. 30
주 소	서울시 마포구 신수동 63－14 구 프라자 6층(우 121－854)
	TEL. 02-701-6616(대) / FAX. 02-701-4449
책임편집	최선혜 sunhae@haneon.com
디자인	최지안 jachoi@haneon.com
홈페이지	www.haneon.com
이메일	haneon@haneon.com

이 책의 무단전재 및 복제를 금합니다.

잘못 만들어진 책은 구입하신 서점에서 바꾸어 드립니다.

ISBN 89-5596-342-4 03320

89-5596-346-7 03320 (세트)

끈질김이 이끄는 성공

"성공과 실패의 차이는, 성공을 이룰 때까지 얼마나 오랫동안 그 계획을 끈질기게 지속했느냐에 따라 판가름 난다."

데이비드 코트렐*David Cottrell*,

《먼데이 모닝 리더십, 8일간의 기적》의 저자

명사) 끈기, 집착, 고수,

① 마음이 늘 그리로 쏠려서 잊혀지지 아니함

② 마음을 단단히 먹고 달라붙음

CONTENTS

"현재의 비즈니스 업계가 당면한 문제는 좋은 아이디어의 부재가 아니라, 그 아이디어를 끈질기게 실행할 인내의 부재다."

메리 케이 애쉬*Mary Kay Ash*, 화장품 브랜드 Mary Kay 사의 CEO

새로운 전략보다 끈질긴 실행을
선택하라

나와 우리 팀이 더 성공적인 성과를 내려면 어떻게 해야 할까?

부족한 자원으로 훌륭한 성과를 내려면 어떻게 해야 할까?

우리 팀의 생산성과 사기를 동시에 개선할 수 있는 방법이 있을까?

어떻게 하면 계획을 온전하고 꾸준히 실행할 수 있을까?

위의 질문들은 현재 기업의 회의실, 세미나실, 생산현장,

복도와 화장실에서까지 흔하게 오고가는 것들이다. 그러나 이런 질문은 어쩌면 이보다 더 큰 문제가 우리에게 잠재해 있다는 것을 예시하는 하나의 징후일지도 모른다. 지금 우리가 조직원들이 고민해야 하는 가장 기본적인 질문은 바로 이것이다. "어떻게 하면 우리의 계획을 지속적으로 밀고 나갈 수 있을까?"

근래 유행하는 리더십의 경향이나 새로운 경영기법들은 무슨 마법의 공식이나 비밀 전략이 있어서 금방이라도 환상적인 해결책을 줄 것처럼 떠들어댄다. 그러나 '성공하는 ~ 가지 법칙'처럼 성공하기 위해 몇 가지 비밀 공식과 프로그램이 있다는 듯이 유혹하는 책들은 오히려 리더들을 더욱더 혼란스럽고 알쏭달쏭하게 만들 뿐이다. "그래서 결론은 뭐라는 거지? 우리 회사의 사정은 좀 다른데. 이게 우리 팀의 기술과 전략이 될 수 있을까? …글쎄."

봇물 터지듯 쏟아져 나오는 갖가지 리더십 전략은 우리가 항상 회사에서 고민하는 질문과 그에 대한 답이 실제로 얼마나 간단한 것인지 깨닫지 못하게 만든다. 왜곡된 해답으로 진실을 향한 우리의 눈을 가리는 것이다. 물론 앞으로 제시할 해답이 마냥 쉽게 실천할 수 있는 것은 아니겠지만, 아주 간단한 것만은 분명하다. 그리고 당신이 던지는 '왜'라는 질문에 해답을 줄 것이다. 그러나 단순한 해답 제시에 그치지 않고, '어떻게'라는 심도 있는 접근을 도와줄 것이다.

이 책이 얇다고 얕보지 않길 바란다. 책의 분량은 많지 않을지라도 당신은 물론 당신의 팀과 조직이 정말로 필요로 하는 실용적인 아이디어들과 실행 가능한 간단하고도 핵심적인 실행단계가 수록되어 있다. 당신의 시간이야말로 그 무엇보다 소중하고 제한적인 자원이므로, 이 책은 자질구레한 정보는 과감히 제하고 본론으로 들어간다. 이 책이 제시하는 개념은 현실세계의 경험을 통해 얻은 것들로, 실제 여러 개인과 회사가 자신들의 계획을 끈질기게 실행할 수 있도록 도움을 주었다.

다른 사람들이 어떻게 그들의 계획을 지속적으로 실행하는지 알아야 당신도 경쟁에서 살아남을 수 있다. 이 책을 든 당신이 일반 직원이거나, 작은 부서의 팀장, 큰 회사의 CEO라 해도 관계없다. 지금부터 나오는 실행 가능한 단계를 직접 실천하라. 그러면 당신과 당신의 팀은 더욱더 높은 경지에 다다를 수 있을 것이다. 보장할 수 있다!

지금부터 이 책을 읽고 즐겨라. 그리고 당신의 목표를 끈 질기게 물고 늘어져라!

집중도 × 역량 × 열정 : 끈기의 공식

성공이란 당신의 계획이 얼마나 근사한가에 달려 있는 게 아니라,
얼마나 지속적으로 계획을 실행하고 행동으로 옮기느냐에 달려 있다.

'끈기'란 무엇인가?

건강한 몸무게를 유지하기 위한 최고의 비결은 균형 잡힌 식단과 꾸준한 운동이다. 이 간단한 사실을 모르는 사람이 누가 있겠는가? 귀에 못이 박히도록 들어온 방법이다. 그런데도 눈만 뜨면 새롭고 획기적인 다이어트 방법이 탄생한다. 영리한 장사꾼들은 이 공식에 약간의 창의력을 더해 무수한 방식으로 우려먹는다. 사실 위와 같은 방법을 모르는 사람은 거의 없는데, 생활 속에 이 방법을 적용하는 것은 왜 그렇게도 어려운 것일까? 과도한 체중을 줄이는 비결은 얼마나 최신의 방법을 알고 있느냐에 달린 것이 아니다. 우리가 이미 아는 간단한 공식을 직접 실천하여 행동으로 옮기는 것이 중요하다.

새해가 시작되면 사람들은 새로운 결심을 세운다. 모든 것이 새롭게 시작되는 때이므로, 삶의 여러 면을 재정비할 수 있는 계획들을 세우고 또 예전에 실천하지 못했던 것을 새로이 보충하고자 한다. 그러나 우리는 이 이후에 어떤 일이 일어날지 잘 알고 있다. 새해 결심의 약 70%는 한 달도 채 가지 못한다는 것을. 어떤 경우는 일주일, 아니, 단 하루에 결심이 무너지는 경우도 있다. '작심삼일(作心三日)'이란 말을 얼마나 자주 들었던가? 물론 처음부터 계획을 지키지 않겠다는 고약한 마음을 먹은 것은 아닐 것이다. 다만 대부분의 사람들이 새로운 습관, 새로운 행동방식을 만들어가기 위해 끈질기고 진득하게 물고 늘어지지 않기 때문이다.

이와 같은 현상은 회사나 조직에서도 매일같이 일어난다. 리더는 늘 명석한 전략들을 개발하고 실행하려는 의지로 가

득 차 있다. 그러나 상당수의 리더들은 공들여서 세운 전략을 완성하여 원하는 결과를 얻기까지 기다리지 못하고, 끈질기게 실행하는 데 집중하지 못한다.

대다수의 기업들 역시 새로운 전략을 개발하는 방법은 알고 있지만, 새로운 전략을 성공적으로 실행하는 데는 실패한다. 이를 직설적으로 알려주는 단적인 예가 있다. 미국의 유명한 경제지 〈포춘*Fortune*〉에서 선정한 우수한 200개 기업 가운데 1년 후 새로운 CEO로 교체하는 기업은 40개나 된다고 한다. 무려 20%의 CEO가 정상의 자리에서 사라지는 것이다. 그 이유는 무엇일까? 물론 그들이 내놓은 전략 자체가 부실해서 CEO의 자리에서 물러난 경우도 있을 것이다. 그러나 CEO였던 이들이 리더의 지위를 잃어버리는 가장 큰 이유는 바로 자신들의 전략을 완벽하게 '실행'하지 않았기 때문이다.

전략을 실행하는 실행력의 부족은 비단 CEO에게만 국한되는 이야기가 아니다. 조직의 규모가 크든 작든 조직의 리더는 자신들의 계획을 실행하는 데 상당한 어려움을 겪는다. 우리의 현실은 이렇다. 오늘날 모든 조직의 리더가 당면

한 가장 큰 문제는 잘 다듬어진 전략의 부재가 아니라, 그런 전략을 끝까지 밀고 나갈 굳건한 실행력의 부재에 있다. 현대의 비즈니스 게임에서 이기는 방법은 새로운 전략을 창출하는 것이 아니다. 현재의 전략을 꾸준히 고수하고 매달리는 데서 승패가 판가름 난다. 이 게임에서 승리하는 불변의 법칙은 바로 '끈기'다.

그렇다면 실행에 집중하기 위해 어떻게 하면 '끈기'를 기를 수 있을까? 이제까지 비즈니스 세계에서 크게 성공한 개인과 회사의 사례를 살펴보면, 끈기를 기르기 위해서는 집중도, 역량, 열정이라는 3가지 요소가 존재했다. 이 3가지 구성요소간의 관계는 아래와 같이 곱셈관계로 연결된다.

$$집중도 \times 역량 \times 열정 = 끈기$$

전략을 실행하는 데 꼭 필요한 끈기를 이렇게 공식으로 나타내면, 각 구성요소의 역할이 분명해진다. 예를 들어, 이 3가지 요소는 0에서 10까치의 수를 가질 수 있는데, 가장 뛰어난 상태를 10이라고 표현한다고 가정하자. 만약 집중도가 0, 역량이 4, 열정이 8이라면 끈기의 정도는 얼마가 될까?

$$0 \times 4 \times 8 = 0$$

0이다. 즉 어느 한 가지 요소라도 일정 수준 이상을 만족하지 못하면 다른 요소의 숫자가 아무리 커도, 즉 다른 요소들이 아무리 뛰어난 수준이라도 결과는 0일 뿐이다. 또한 3가지 요소인 집중도, 역량, 열정 가운데 어느 한 가지 요소의 숫자가 조금이라도 커지면 결과는 기하급수적으로 증가한다. 그러므로 3요소 가운데 한 가지 요소라도 개선되면 팀의 전략을 실행하는 팀원들의 추진력, 즉 계획을 달성할 수 있는 힘이 놀랍도록 증가한다.

이렇게 실행에 집중함으로써 전체적인 추진력이 배가되는 것처럼, 우리 개개인도 조그만 목표부터 시작해서 자기도 눈치 채지 못하는 사이에 더 큰 추진력을 낼 수 있고, 더 큰 단계의 목표도 별로 힘들이지 않고 성취할 수 있게 된다. 처음에는 시간을 들여 의식적으로 꾸준히 노력해야 할 것이다. 그러나 실천하고 실행하는 습관이 몸에 배면 소요되는 에너지와 노력은 상대적으로 점점 줄어든다. 동시에 계획을 완성해가는 추진력과 계획에 대한 성과는 크게 향상되어 '성공'이라는 자기 강화적인 선순환이 일어나는 것이다.

'끈기'가 가져오는 결과는 한 여름 죽순이 크는 것에 비교할 수 있다. 대나무는 단 하나의 싹이 틀 때까지 무려 2년 동안 땅속에 묻혀 있다. 그러다가 일단 흙을 뚫고 새순을 틔우면 단 2주 만에 무려 30m까지 자란다. 마치 그간 노력한 것을 한꺼번에 드러내는 것처럼 말이다. '끈기'라는 씨앗이 뿌리를 내리고 싹을 틔워서 성장하는 것도 마찬가지다. 처음에는 눈에 띄지 않지만 어느 순간 조금씩 발전하고, 놀랄 만큼 눈부신 결과를 가져다준다.

"인간은 반복적인 행동의 총합이다. 그러므로 성공은 단 하나의 행동이 아니라 습관에 의해 만들어진다."
아리스토텔레스 *Aristotle*

100가지의 뛰어난 전략인가,
하나의 '끈기 있는' 실행인가

눈에 띄도록 높은 성과를 내는 개인과 팀에게는 남들과 다른 어떤 특별한 점이 있는지 한번 살펴보자. 결론부터 말하자면, 그들은 전략 그 자체의 품질은 그다지 중요하게 생각하지 않는다. 그보다 현재의 전략에 집중하고 끈기 있게 실행하는 데 최선의 노력을 다한다는 것이다. 최신의, 최고라고 인정받는 전략이 아니라도 좋다. 남들이 다 알고 있는

2등급의 전략이라도, 이에 집중하고 끈질기게 실행한다면 1등급의 전략을 최소한의 노력으로 대충 실행하는 것보다 훨씬 더 뛰어난 결과를 얻게 될 것이다. 아래 공식은 전략과 끈기 사이의 관계를 한눈에 잘 보여준다.

$$전략 + (집중도 \times 역량 \times 열정) = 성취도$$

이 공식이 내포하는 의미는 이것이다. 당신이 갖고 있는 전략이 뛰어난가 그렇지 않은가 하는 문제는 우리가 결과적으로 추구하는 성취도에 그다지 큰 영향을 미치지 못한다. 부차적인 수준일 뿐이다. 반면, 끈기는 성취도의 결과에 큰 부분을 차지한다.

예를 들어, 가장 형편없는 전략을 0이라 하고 가장 훌륭한 전략을 10이라 했을 때, 전략이 9이고 끈기가 24라면(집중도 =2, 역량=4, 열정=3) 결과는 아래와 같다.

$$9 + (2 \times 4 \times 3) = 33$$

만약 위와 달리 전략이 별로 뛰어나지 않고 부실하다면 그 결과는 어떻게 될까? 즉, 전략은 2의 수준이지만 실행에 필요한 끈기가 조금 개선되어 60이라면(각 한 단계씩 증가하여 집중도=3, 역량=5, 열정=4), 성취도 수준은 아주 놀랍도록 증가할 것이다.

$$2+(3\times5\times4)=62$$

이처럼 끈기를 구성하는 3가지 요소의 지수가 각각 1단계씩만 올라가도 성취도는 88%나 증가한다. 전략이 별로 뛰어나지 않은데도 말이다! 훌륭한 전략과 그렇지 않은 전략은 '끈기'를 얼마나 지속하느냐에 따라 그 차이가 미미해진다.

최근 〈포춘〉지가 선정한 '가장 존경받는 10대 기업'에 관한 연구를 보면 전략과 끈기의 관계가 잘 나타나 있다. 이 연구는 전략의 실행력에 초점을 두고, 기업이 끈기라는 기술을 얼마나 제대로 터득했는지 살펴보았다. 연구 결과, 성공적인 회사들은 다음과 같은 특징을 갖고 있었다.

 ᐅ 전략을 중요한 것으로 보고
 ᐊ 세부적인 실행계획을 준비하며

전략을 사용하여, 할 필요가 없고 하지 않아야 할 일들
을 가려냈다.

그러나 놀라운 사실은, 이런 특징들이 있다고 해서 모든
기업들이 존경받는 기업의 반열에 오를 수 있는 것은 아니라
는 점이다. 요즘의 기업들은 오로지 '계획과 전략'에 대해
서만 열중하고 있는 것처럼 보인다. 그러나 자신의 산업분야
에서 무수한 경쟁업체를 물리치고 '가장 존경받는 10대 기
업'으로 선정되는 회사들에게는 그들만의 특징이 있었다.
평범하지만, 쉽지만은 않은 4가지 특징은 다음과 같다.

1. 경영진, 관리자, 직원마다의 자신의 역할이 분명하게
   정해져 있다.
2. 모든 조직원들이 기업의 목표와 비전에 대해 확실히 이
   해하고 있다.
3. 성과측정은 지속적으로 이뤄지며, 이것은 전략과 연계
   되어 있다.
4. 리더는 개인적인 의무에 대한 책임은 물론 팀에 대한
   책임감까지 인식하고 있다.

미국에서 가장 존경 받는 기업으로 인정받는 것은 확실히 영예로운 일이다. 그러나 재무적 성과(매출액, 이익, 현금흐름 등)도 조직의 건강을 보여주는 중요한 지표들이다. 그렇다면 '가장 존경받는 10대 기업'은 그러한 관점들에서는 어떤 차이가 날까? 다음 표는 '가장 존경받는 10대 기업'의 주주 수익률과 스탠다드 앤 푸어(S&P) 사에서 발표하는 500대 회사의 주주 수익률을 보여준다.

	존경받는 10대 기업의 주주 수익률	S&P 500회사의 주주 수익률	차이
그 해	9.7%	-11.9%	+21.6%
지난 5년간	25.5%	10.7%	+14.8%

이 얼마나 놀라운 차이인가? 분명 존경받는 10대 기업은 오로지 수익을 위해서만 경영을 하지 않는다. 기업의 사회적 책임도 기꺼이 받아들이고, 사회공헌이 필요한 부분에는 과감히 비용을 지불한다. 그러나 이들 기업은 일반적인 경제활동을 하는 기업보다 오히려 더 뛰어난 결과를 창출하고 있었다. 존경받는 기업은 단지 위의 4가지 특징을 추가로 갖고 있을 뿐인데 어떻게 이런 결과가 가능했을까?

존경받는 10대 기업이 나머지 기업과 다른 점은, 누구나 알고 있는 기본적인 것들을 '아주 뛰어난 수준'으로 실행한다는 것이다. 이 연구를 한 학자들은 10대 기업에게 전략의 실행은 그저 평범한 수준이 아니라, 그들이 할 수 있는 모든 것을 걸고 실행에 집중한 결과라고 결론을 내렸다.

　'모든 것을 걸고 실행에 집중한다'는 결국 '엄청난 끈기를 가지고 전략을 실행한다'와 같은 뜻일 것이다. 이런 기업은 어떻게 전략을 세워야 하는지 제대로 알고 있다. 하지만 뛰어난 전략을 세우는 데서 그치지 않고, 어떻게 하면 더 진득하게 전략을 고수하여 뛰어난 결과를 낼 것인지를 중요하게 생각하기 때문에 동종 업체의 경쟁을 따돌리고 특출난 성과를 내는 것이다.

　이 논리는 개인들에게도 똑같이 적용된다. 주변에 남들보다 더 높은 성과를 내고 더 인정받는 사람들을 자세히 살펴보자. 그들은 원하는 목표에 도달하고 성공하기 위해 별스럽게 야단법석을 떨며 새로운 유행에 집착하지 않는다. 그들은 단지 매일 매일 기본을 실천할 뿐이다. 평소에 어떻게 생활하고, 배우고, 투자하고, 일하든 그들은 항상 기본을 충실히 한다. 그들이 갖고 있는 가장 중요한 차이점은 끈기 있게 계획 하나를 실행하는 능력이다. 그 어떤 계획이든 말이다. 이 능력이야말로 그들을 성공하게 만드는 요소다.

　조직이든 개인이든 경쟁에서 성공하는 가장 궁극적인 성공조선은 한 가지 계획을 전심전력을 다해 실행하는 것이다. 현재 당신 앞에 놓인 가장 큰 도전거리는 새로운 계획을 만들어내는 일이 아니다. 오히려 지금 현재의 계획을 고수하고 끈질기게 물고 늘어져야 한다. 그러니 새로운 계획을 만드는 일보다 현재의 계획을 끈기 있게 고수하는 데 더 많은 시간과 노력을 투자하라.

　만약 당신이 보다 나은 결과를 얻고, 또 이를 유지하고자 한다면 끈기의 공식을 항상 염두에 두라. 그 무엇보다 확실한 성공열차의 티켓이 되어줄 것이다. 그럼 지금부터는 끈기를 향상시킬 수 있는 집중도, 역량, 열정이라는 3가지 성공요소에 대해 심도 있게 살펴보자.

끈기의 적

　대다수의 리더들은 자신이 왜 팀의 전략과 계획을 지속적으로 꾸준히 실행하지 못하는지 이유를 알지 못한다. 끈기를 가지고 더욱 집중을 하기 위해서는, 우선 지속적인 실행에 방해가 되는 '끈기의 적' 이 무엇인지 알아야 한다. 즉, 개인과 팀이 전략과 계획을 물고 늘어지지 못하게 하는 가장 일반적인 방해요소가 무엇인지를 알아야 한다.

　앞으로 이 책 전반에 걸쳐 당신을 방해하는 4가지 끈기의 적을 소개하려고 한다. 끈기 있는 실행을 방해하는 적들은 놀랍게도, 결국 당신 자신에게서 시작된다는 사실을 깨닫게 될 것이다.

　이 책을 읽어가면서 가장 강력한 끈기의 적에 대해서 알아보고, 이들을 물리칠 수 있는 전략에는 어떤 것이 있는지 생각해보라. 그리고 그 적을 없애려고 노력하고 생활화하라. 오랜 시간이 지나지 않아 당신이 언제나 목말라하는 놀랄만한 성과를 창조할 수 있을 것이다.

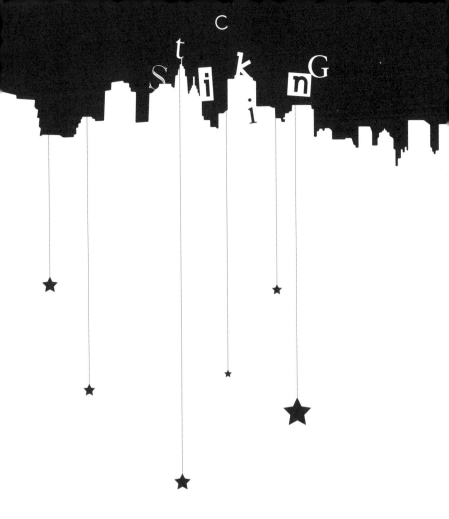

당신의 '단 하나'에 과감히 몰두하라
: 집중도

"당신이 만약 지금 어디로 가고 있는지 모른다면,
전혀 엉뚱한 곳에 도착할 것이다."

로렌스 존슨 피터 *Laurence Johnson Peter*

끈기의 적(敵) 1 : '정처 없이 떠도는 배' 현상

조직의 경우, 팀원들은 리더인 당신을 배의 선장으로 생각할 것이다. 그러므로 선장이 집중의 대상과 방향, 정확도를 제시해주리라고 기대한다. 그러나 매일 매일의 힘든 업무와 압박감 때문에 리더는 문제가 닥칠 때마다 다른 전략을 시도하거나 응급처치 수준의 손쉽고 빠른 처방으로 해결하려 한다. 이렇게 압박감에 떠밀려 정처 없이 표류하다 보면 당신 팀원들의 집중도 역시 낮아질 수밖에 없다.

선장이 우유부단하게 행동하면 팀원들은 누가 배를 지휘하는지, 어느 방향으로 가고 있는지 종잡을 수 없게 된다. **일관되지 못한 태도는 집중을 힘들게 하는 치명적인 적이다.** 당신 휘하의 직원들은 이렇게 말할 것이다. "다음 주에는 또 다른 일이 우선순위에 오를 텐데 뭐하려고 지금 이 일에 집중해야 합니까?" 하나에 정착하지 못하고 일관성이 없는 상태에서 집중할 것을 요구하면 당신은 순식간에 팀원들의 신임을 잃어버리게 될 것이다.

자, 그렇다면 당신과 당신 팀의 끈기를 개선시키고 더 좋은 결과를 얻기 위해서는 어떤 해결책이 필요한가? 당신은 한 배의 선장이다! 스스로 항로를 결정하고 그 항로대로 꾸준히 나아가라.

"성공의 비결은 일관된 목표, 바로 그것이다."
벤자민 디스라엘 *Benjamin Disraeli*, 1868년 영국의 수상

집중도 × 역량 × 열정 = 끈기

무서울 정도로 하나에 몰두하는 집중. 집중도는 성취도가 높은 팀과 개인에게서 볼 수 있는 독특한 특징이라 할 수 있다. 조직차원에서 볼 때, 확실하고 분명한 집중은 팀원들이 일을 할 때 우선순위가 무엇인지를 알게 하고, 최종적으로 팀의 목표에 부합하는 행동을 하도록 돕는다. 그 결과, 팀원들은 강한 목적의식을 갖게 될 것이다. 팀원들이 하나의 목표에 집중하도록 일관되게 유지하는 일은 구성원 모두가 '똑같은 방향을 향해 전진!' 하게 유도하는 일과 같으므로 무척 중요하다. 그럼에도 많은 리더들은 팀원들이 '집중' 하도록 만드는 것을 가장 어려워한다. 왜냐하면 오늘날 비즈니스 환경은 개개인의 집중도를 낮출 수 있는 여러 가지 유혹들이 곳곳에 널려 있기 때문이다. 하지만 팀원들을 제어하는 일이 불가능한 것만은 아니다. 조직의 리더는 자신이 생각하는 것 이상으로 팀의 집중도를 높일 수 있는 능력을 가지고 있다.

성공하는 리더와 개인은 언제나 자신의 집중도를 점검하고 수정한다. 자신의 팀 또는 자신에게 가장 중요한 목표나 업무가 무엇인지를 잘 알며, 그 이외의 부수적인 것들은 쳐낸다. 리더는 팀원들의 집중에 혼선을 줄 수 있는 다른 프로젝트나 업무에 'No!'라고 말한다. 왜냐하면 사람에게 있어 시간과 에너지는 한정된 자원이라는 사실을 잘 알기 때문이다. 그러므로 일이 되도록 간단하게 유지되고 해결되도록 복잡한 것은 과감하게 끊는다. 단순함이야말로 업무를 더 효율적으로, 더 빠르게, 더 집중하도록 만들어준다. 이 점은 업무뿐만 아니라 인생의 모든 면에서도 통할 것이다.

우수한 집중도를 갖기 위해서는 아래의 3가지 조건을 잊지 말자.

1. 당신만의 '핵심 한 가지'를 찾아라.

2. 'No'라고 말할 때를 알아라.

3. 가능한 한 단순하게 유지하라.

당신만의 '핵심 한 가지'를 찾아라

내가 좋아하는 영화 중에 '굿바이 뉴욕, 굿모닝 내사랑(원제 : City slickers, 1991)' 이라는 영화가 있다. 일상에 지친 뉴욕 출신의 남자 4명이 자유를 찾기 위해 여행을 떠난다는 코미디 영화다. 남자들은 도시를 떠나 소몰이 여행을 떠나게 되고, 여러 가지 소동 끝에 스스로의 힘으로 거친 황야를 헤쳐 나가기 시작한다. 그리고 그 과정에서 자신의 삶을 재

발견하고 각자 행복의 열쇠를 찾게 된다는 내용이다. 이 영화에는 지혜롭지만 깐깐한 늙은 카우보이 컬리가 등장한다. 컬리는 삶의 고비에서 힘들어하고 좌절하는 주인공 미치에게 아주 귀중한 충고를 해준다.

컬리　이곳에 온 자네들은 모두 엇비슷한 나이에, 고민하는 것도 비슷비슷해 보이는군. 1년은 무려 50주나 되는데, 그 동안 인생이라는 밧줄에 무수한 매듭을 만들어놓고는 이곳에 와서 단 2주 만에 그 매듭을 다 풀려고 한단 말인가? 절대 불가능할 거네. 자네, 인생의 비밀이 뭔지 알기는 아나?

미치　아니요, 그게 뭐죠?

컬리　바로 이거야. (그리고 검지손가락을 들어 보인다.)

미치　손가락이요?

컬리　'핵심 한 가지'라는 뜻이야. 딱 하나. 언제나 가장 핵심적인 한 가지 일에 집중하게. 나머지는 아무 의미도 없는 거야.

미치　아주 멋지군요. 그렇다면 그 한 가지는 도대체 뭐죠?

컬리　그건 이제부터 자네가 찾아야 하는 거야. 자네 몫이라네.

코미디 영화라고 얕보기 쉽지만, 삶의 진실이 녹아 있는 영화였다. 멋진 장면이고 귀중한 충고다. 당신 역시 당신 자신과 팀을 위해서 의미 있는 목적지를 가리키는 '핵심 한 가지'를 찾아내야만 한다.

당신이 그 '핵심 한 가지'를 반드시 찾아야 하는데는 이유가 있다. 왜냐하면 '핵심 한 가지'는 다음과 같은 질문에 언제나 명쾌한 해답을 줄 것이기 때문이다. "왜 나는 여기에 있는가?"

물론 집중의 대상을 찾는 일이 지금 당장 해야 할 필사적인 일은 아니라고 생각할지도 모른다. 그러나 당신이 원하는 바를 성취하여 성공하고 싶다면, '핵심 한 가지'를 찾는 일이야말로 가장 급한 조건이다. 비즈니스에서, 그리고 인생에서 가장 중요한 것은 '가장 중요한 것'이 무엇인지를 결정하는 일이다.

당신과 당신 팀의 '핵심 한 가지'는 여러 가지가 될 수 있을 것이다. 하자 없는 제품생산, 모든 절차에 있어서 발 빠른 대처, 시장을 선도하는 획기적인 제품개발, 고객이 절대

실망하지 않는 만족스러운 서비스, 타 부서가 요구하는 기술적인 요구해결 등이 있다. 이런 것들은 무수히 많은 '핵심 한 가지' 중 몇 가지 예일 뿐이므로, 당신과 당신이 팀에게 가장 중요한 것들을 결정하라. 그것은 당신의 모든 의사 결정과 행동을 이끌어가는 나침반이 되어줄 것이다.

　또한 당신만의 '핵심 한 가지'를 찾았다 할지라도, 하루하루 치고 들어오는 급한 불을 끄고 새로운 기회를 탐색하면서 집중도를 유지하는 일은 결코 녹록치 않을 것이다. 그러니 보통의 리더들처럼 '핵심 한 가지' 위에 또 다른 일을 겹겹이 쌓아 가면서도 여전히 팀의 집중도를 유지해나갈 수 있다는 잘못된 생각에 빠지지 않길 바란다. 사람은 모든 일에 똑같은 주의를 기울일 수 없는 법이니까. 당신도 이와 같은 잘못된 망상을 갖고 있다면 머잖아 '정처 없이 떠도는 배'라는 우스개 소리가 현실이 될지도 모른다. 그러니 당신 팀에게 핵심적인 것이 아니라면 자동화나 외주제작으로 돌릴 수 있는 것을 구분하여 불필요한 업무를 최대한 줄여라.

　당신과 당신 팀의 '핵심 한 가지'를 정의하고 이를 고수해나가는 일은 말처럼 쉽지 않다. 0에서 10까지 수를 생각해보자. 0은 완전히 집중도가 없는 상태고 10은 아주 높은 집중도가 있는 상태다. 만약 팀의 리더가 높은 집중도를 갖고 있어 9의 정도라고 해도, 그것이 일선 직원들로 내려가면 상황은 달라진다. 리더와는 달리 그들은 6, 7위 정도의 수준밖에 머물지 못할 것이다. 그만큼 모든 직원들이 똑같은 수준의 집중도를 갖기 위해서는 리더와 팀원 모두의 노력이 필요하다. **지속적으로 계획을 실행하고 싶다면, 팀원들과 당신만의 '핵심 한 가지'에 대해 철저하게 의사소통하라.** 팀원들이 팀의 궁극적인 목표를 완전히 이해하고 기꺼이 실천할 수 있도록 끊임없이 주지시켜라.

물론 확실하고 분명한 집중도를 가지는 일은 하루아침에 이루어지지 않는다. 그 '핵심 한 가지'를 찾아내서 재정비하고, 팀원들을 이해시키고, 그들의 동의를 얻어내는 데는 시간과 노력이 필요하다. 그러나 미뤄서는 안 된다. 무엇보다도 중요하므로 지금 당장 시작해야 한다. 잡다한 것에 일일이 신경 쓰기 시작하면 혼란만 늘어나고, 결과적으로 팀원들의 노력을 뒤죽박죽으로 만든다. 그러니 '핵심 한 가지'에 집중하라!

"가장 중요한 일은 가장 사소한 일 때문에 얻어지지 않는다."

요한 볼프강 폰 괴테*Johann Wolfgang von Goethe*, 독일의 대문호

'No'라고 말할 때를 알아라

일 잘하는 팀을 보면 무엇이 그들의 '핵심 한 가지'인지 금방 알 수 있으며, 확실한 한 가지에 열정을 쏟는다. 집중과 열정의 환상적인 조합은 용기 있는 리더십을 창조해내고, 리더가 팀을 위해 어렵고 힘든 의사결정도 과감히 내릴 수 있도록 도와준다.

두려움에도 맞설 수 있는 용기 있는 리더십을 계발하면,

당신은 부차적인 영역에 에너지를 낭비하지 않는 유연한 자세를 가질 수 있고, 불필요한 팀원을 교체하는 어려운 결정도 내릴 수 있다. 계획을 끈질기게 고수할 수 있는 사람은 힘든 의사결정을 내릴 때도 확신을 가지게 되고, 이것이 바로 그 사람의 차별성이 된다. 집중도와 열정을 가지고 있는 사람은 이런 힘든 결정이 단순한 희생이나 현실과의 타협이라고 생각하지 않는다. 목표에 한 걸음 더 다가서기 위한 필수적인 과정일 뿐이다.

당신과 당신 팀의 집중도를 측정할 수 있는 방법 중 하나는, 별 도움이 안 되는 활동에 대해서 'No!' 라고 말할 수 있는가 없는가를 평가하는 것이다. 미국의 드럭스토어 체인 월그린스*Walgreens*는 'No!' 라고 말할 수 있었기에 1975년과 2000년 사이에 주가가 평균 15배나 껑충 뛰었다. 그 이유는 사업을 확장하지 않고 한 분야에만 집중했기 때문인데, 한때 월그린스는 무려 500개나 되는 음식점을 갖고 있었다. 하지만 월그린스는 그들의 미래가 오직 드럭스토어 사업에 있으며, 외식 사업은 5년 안에 급락할 것이라고 판단했다. 월그린스는 이런 비전으로 새로운 결정에 집중했고, 드럭스토어 사업에 필요한 자원을 재구성해 나가면서 경영의

갈림길마다 분명하게 'No!'라고 말했다. 그 결과 〈포춘〉지 선정 세계 500대 기업에 선정되는 것은 물론, 최근 30년간 매출액과 순이익이 단 한 번도 줄어들지 않은 엄청난 기업이 될 수 있었다.

'No!'라고 말할 수 있는 결단력은 당신이 매일 매일 내려야 하는 의사결정에도 유용하게 사용된다. 만약 당신이 팀이 목표를 성취하는 데 별로 도움이 안 되는 회의에 두 시간이나 시간을 낭비하고 있다고 하자. 당신은 팀원들의 아까운 시간을 낭비하는 것은 물론, 새로운 기회까지 사장시키고, 팀원들의 집중도까지 낮추는 셈이다. 만약 당신에게 '이건 시간낭비야', '세상에, 그래서 뭐가 더 좋아진다는 거지?', '내가 왜 여기 앉아 있는지 모르겠군'과 같은 생각이 들기 시작한다면, 바로 그때가 "No!"라고 말해야 할 시기다.

조직에서 회의는 비즈니스를 수행하는 하나의 업무로 활용할 수 있다. 그러나 회의를 하기 전에 참석자들 각자가 과연 얼마만큼의 연봉을 받고 있나 생각하고, 그들이 회의에 오는 대신 팀의 궁극적인 '핵심 한 가지'에 집중해서 일할 경우 벌어들일 수 있는 잠재비용을 계산해보라. 팀원들의 시간을 어떻게 활용할지 결정하는 사람은 바로 리더이므로, 팀원들이 회의에 투자한 시간만큼 최고의 이익을 얻어 만족스러운 미소로 돌아가도록 해줘야 한다. 물론 회의는 항상 필요하고, 또 유용하다. 그러나 당신이 'No!'라고 분명하게 말해야 할 때를 모른다면, 회의는 당신의 집중도를 더욱 낮게 하고 당신의 에너지를 갉아먹을 것이다.

팀의 업무를 계획할 때는 목표를 실현시키기 위한 업무목록과 더불어 '하지 말아야 할 일' 목록도 꼭 만들어둬라. 당신만의 '핵심 한 가지' 집중에 별 도움이 되지 않는 일들, 즉 당장 그만두어야 활동, 업무, 보고서 제출, 회의나 프로젝트가 무엇인지 먼저 규명하라. '하지 말아야 할 일' 목록이 분명하게 규정되어 있으면 팀원들이 '해야 할 일'에 더욱 확실히 집중할 수 있게 된다.

'한 가지'에 'Yes'라고 말하는 것은 그 밖의 다른 것에는 언제나 'No'라고 말하는 것을 의미한다. 당신의 시간, 에너지, 돈은 그 무엇과도 바꿀 수 없는 가장 귀중한 자원이다. 당신이 한 분야에 당신의 소중한 자원을 소비한다는 말은,

다른 분야에는 그 만큼의 노력을 투자할 수 없다는 말이 된다. 시간과 에너지, 돈은 무한한 것이 아니기 때문이다. 이런 점을 끊임없이 당신 자신과 당신의 팀원들에게 각인시키고 이해시켜라. 팀원들도 부수적인 업무, 별 가치 없는 업무에 'No'라고 말하면서 팀의 계획을 실행하는 데 집중하게 될 것이다.

"나는 성공을 보장해주는 열쇠 같은 것은 모른다. 그러나 모든 사람을 만족시키려는 것이 실패의 열쇠라는 것만은 분명히 알고 있다."
빌 코스비 *Bill Cosby*, 미국의 유명배우

가능한 한 단순하게 유지하라

당신의 할 일을 되도록 단순하게 만들어라. 그러면 목표에 더욱 집중할 수 있을 것이다. 미국에 있는 39개의 중소기업을 연구한 결과, 업계에서 선도적인 위치에 서 있는 기업들에게는 단 하나의 차별성이 있었는데, 그것이 바로 '단순함'이었다. 즉 최종승자는 그 분야의 다른 회사들보다 더 적은 제품을, 더 특정한 소비자에게, 더 적은 유통망을 통해 공급하고 있었다. 이는 단순하고 집중된 기능일수록 더욱더 큰 이익을 낸다는 사실을 말해준다.

'파레토 법칙' 이라 알려져 있는 80/20 법칙은 상위 20% 사람들이 전체 부의 80%를 가지고 있거나, 또는 상위 20% 고객이 매출의 80%를 창출한다는 의미다. 재미있는 것은, 이 법칙은 단순함의 힘을 증명해주기도 한다. 주변을 둘러 보라. 어디에나 이 법칙이 적용되고 있다는 사실을 눈치 챌 수 있을 것이다.

- 교통 정체의 80%가 도시 전체 도로 중 20%의 도로에서 일어난다.
- 맥주의 80%는 전체 음주자 중 20%에 의해서 소비된다.
- 학습참여의 80%가 교실 내의 20%의 학생에 의해서 이루어진다.
- 당신이 주로 입는 옷의 80%는 옷장에 있는 옷 중 20%에 속한다.

또한 80/20 법칙은 대부분의 조직과 회사에도 그대로 적용된다.

- 기업이익의 80%는 전체 고객의 20%에서 창출된다.
- 회사 내 문제의 80%는 20%의 직원에게서 비롯된다.
- 상품판매의 80%는 20%의 영업직원에 의해서 이루어진다.

만약 80/20 법칙이 당신의 조직에서도 그대로 존재한다면, 비즈니스에서 이익을 내는 20%는 나머지 80%보다 무려 16배나 생산성이 높고 이익률이 뛰어나다는 것을 의미한다. 이와 같은 논리는 당신의 고객, 제품, 업무영역, 팀원들에게도 그대로 적용된다.

문제는 "어떻게 복잡한 것을 단순하게 만드는가?"에 있다. 그리고 해답은 당신에게 이익을 가져다주는 부분, 즉 20%에 집중을 기울이는 것이다. 이때 그 20%가 무엇인지 본능적으로 가늠하지 않기를 바란다. 당신 팀이 낸 성과를 제대로 파악하기 위해서는 직감에 의존하지 말고 구체적인 데이터를 참조하라. 비즈니스의 프로세스, 시스템, 고객, 서비스, 사람들을 구체적으로 살펴보라. 그리고 그 안에서 팀의 생산성과 실적을 높이는 긍정적인 20%, 또 비용지출과 분쟁, 시간낭비의 주범이 되는 부정적인 20%가 무엇인지

규명하라.

 예를 들어, 팀의 재작업 중 80%가 단순히 2가지 형태의 오류 때문에 일어난다거나, 소수의 팀원들이 당신 팀의 성과 중 80%를 낸다는 사실 등을 발견하게 될 것이다. 또한 당신이 하고 있는 단 몇 가지 일들이 팀 전체 업무의 대부분을 차지한다거나, 팀 전체의 분쟁 중 80%를 일으키는 주범이 몇몇 특정 협력부서라는 사실도 알게 될 것이다.

 기억하라. 당신에게 절대적으로 중요한 소수 20%가 부정적인, 혹은 긍정적인 결과 전체를 좌지우지 한다는 것을. 일단 당신에게 가장 핵심적인 20%가 무엇인지 발견하면, 그 20%를 조절하는 여러 가지 방법을 찾아보라. 당신과 당신의 팀이 '핵심 한 가지'를 성취하는 데 큰 도움이 될 것이다. 또한 당신과 팀원들이 자발적으로 나서서 집중을 방해하는 요소를 제거하고, 최소화 할 수 있도록 노력하라.

 단순하면 단순할수록 집중할 수 있을 것이다. 단순하게 유지하라!

"천재성이란 복잡한 것을 단순하게 만드는 능력이다."

C.W.세람 *C. W. Ceram*, 《낭만적인 고고학 산책》의 저자

암조차 그의 의지를 꺾을 수 없었다
─ 랜스 암스트롱

사이클 선수인 랜스 암스트롱*Lance Armstrong*은 집중도에 있어서는 그 누구보다 위대한 인물로 기록될 것이다. 그는 자신의 목표에 대한 놀랍도록 높은 집중도를 가지고 있었기에, 암을 극복하고 사이클링 분야에서 누구도 이룬 적이 없었던 전대미문의 기록을 만들어냈다.

그가 22세 되던 해인 1993년, 랜스 암스트롱은 세계 사이클 선수권 대회와 프랑스 전역을 일주하는 사이클 대회인 투르 드 프랑스*Tour de France*에서 최고의 단거리 사이클 선수 자리에 올랐다. 그러나 1996년 세계 선수권 대회를 앞두고 암스트롱은 생존율이 50% 이하인 고환암 진단을 받았다. 이후 그는 한쪽 고환을 떼어냈고 암이 뇌까지 퍼져 뇌 일부를 들어내는 대수술을 받았다. 당시 그의 생존 가능성은 40% 미만이었다.

그러나 암스트롱은 암 치료를 받고 난 이후에도 사이클에 대한 목표를 버리지 않았다. 치료 후 다시 훈련을 시작하려 할 때, 그는 아기 엄마들이 아기를 데리고 바퀴가 셋 달린

유모차를 밀면서 조깅하는 모습을 보았다. 그로부터 2년 후, 암스트롱은 투르 드 프랑스에서 그랑프리를 차지한다. 그는 사이클이라는 목표에 누구보다 강하게 집중했기 때문에 자신의 상황을 절망이 아닌 새로운 시작의 기회로 사용할 수 있었고, 그 결과 대회 연속 6회 우승이라는 진기록을 세우게 되었다.

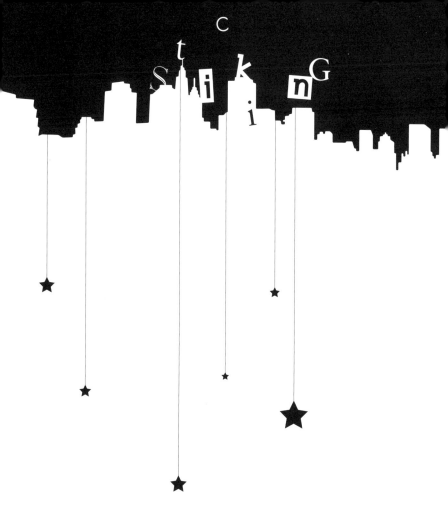

역량을 높여주는 시스템을 구축하라

: 역량

"만약 누군가가 그의 최선을 다한다면, 그 밖에 또 뭐가 필요하겠는가?"

조지 S. 패튼*George S. Patton*, 제2차 세계대전 당시 미국의 명장

끈기의 적(敵) 2 : 당신이 알아챌 수 없는 사각 지대

당신의 가장 취약점은 바로 당신이 전혀 눈치 채지 못한 곳에 도사리고 있기 마련이다. 그러므로 실수를 저지르지 않으려 면 자신의 적, 즉 취약한 부분이 무엇인지를 알아야 한다. 아무리 자신에 대해서 제대로 알고 있어도 사람은 누구나 개인적인 면, 그리고 직업적인 면에서 사각지대를 갖기 마련이다. 다른 사람은 잘 알아챌 수 있는 단점을 정작 자기 자신은 전혀 모르고 있는 부분 말이다. 그러므로 맹점과도 같은 이 사각지대는 우리가 자신의 모습을 실제와 다르게 보는 한, 어떤 상황에서도 존재한다.

예를 들어, 리더는 자신의 팀이 외부고객과 내부고객 모두 에게 훌륭한 서비스를 제공하고 있다고 느낀다. 그러나 현 실은, 다른 팀은 그 팀과 함께 일을 하는 것을 회피한다. 또 다른 예로, 자신은 남의 말에 귀를 기울이는 훌륭한 청자라 고 생각하지만, 다른 사람들은 그 사람이 도무지 입을 다물 줄 모르고 자기 말만 한다고 여길 수 있다. 이처럼 의식의 사 각지대에서 생겨나는 문제는 리더뿐만 아니라 대부분의 사람들이 쉽게 해결하기 힘든 문제로, 악화되면 조직의 모든 구성원이 제 기능을 발휘하지 못하는 '벌거벗은 임금님'의 상황이 되고 만다.

조직에서 위로 올라갈수록 윗선의 리더에게는 걸러지고 변형된 정보가 전달되기 마련이다. 다른 말로 하자면, 리더의 지위가 높으면 높을수록 그 리더는 조직의 사각지대에 놓이기 더 쉽다. 그 결과, 리더들은 자신의 팀이 특정한 계획을 실행하는 데 꼭 필요한 역량과 능력을 충분히 가지고 있다고 맹신하는 실수를 저지르기도 한다. 실상은 전혀 그렇지 않은데도 말이다.

그러므로 당신과 당신 팀의 사각지대를 깨닫는 최선의 방법은 주변 사람들에게 도움을 청하고, 그들의 조언을 듣고, 피드백을 구하는 것이다.

"다른 누구도 아닌 바로 당신 자신을 인식하라."
토마스 풀러*Thomas Fuller*, 영국의 신학자

집중도 × 역량 × 열정 = 끈기

집중도과 열정은 분명 당신의 팀이 끈기를 오래도록 유지할 수 있도록 해준다. 그러나 이것만으로는 충분치 않다. 역량은 끈기를 유지시켜줄 수 있는 중요한 기초 역할을 한다. **역량이란 개인 또는 조직의 기술과 지식 그 이상을 가리키는 말**이다. 말하자면, 역량은 개인 또는 조직의 프로세스, 시스템, 조직구성 등 계획을 실행하고 진행시키는 능력 자체를 개선시켜주는 것들을 말한다.

역량은 또한 지속적으로 전략을 실행할 수 있게 해주는 요소다. 리더로서 당신은 팀이 지속적이고 성공적으로 목표설정, 성과측정, 피드백, 성과인정, 훈련과 의사소통을 수행할 수 있도록 주요한 프로세스와 시스템을 결정할 권한을 가지고 있다.

높은 성과를 내는 사람들은 역량의 계발이 자신의 팀들로 하여금 끈기 있게 목표를 달성하도록 도움을 준다는 것을 안다. 그래서 다음과 같은 3가지 성공요인을 채택하여 실행한다.

1. 평균을 높여라.

2. 효율적인 시스템을 구축하라.

3. 균형 잡힌 시각을 유지하라.

평균을 높여라

　성과도 좋고 탁월한 팀을 만들기 위해서는 탁월한 능력을 가진 개개인들이 모여 팀을 만들어야 한다는 것에 모두 동의할 것이다. 사실, 아무리 좋은 소프트웨어라도 그것을 실행하는 하드웨어의 성능이 뒤떨어지면 소프트웨어가 가진 100%의 실력을 발휘할 수 없는 법이다. 그러므로 많은 리더들이 '2류 직원+괜찮은 전략=그렇고 그런 결과' 라는 등식이 참이라고 생각한다. 이런 판단 이면에는 훌륭한 결과를 얻기 위해서는 훌륭한 사람이 반드시 필요하다는 가정이 전제되어 있다. 어쩌면 이 등식은 아주 타당하고 논리적으로 옳아 보인다. 그러나 미국 프로야구팀 뉴욕 양키스의 전설적인 포수 요기 베라 *Yogi Berra*는 이렇게 말했다. "이론상, 이론과 실천 사이에는 아무런 차이가 없다. 그러나 막상 실전에 들어가면 이야기는 달라진다." 이 말에 대해 곰곰이 생각해보자.

현실을 보자. 이 세상의 대부분을 차지하는 사람은 중간 정도의 능력을 가진 이들이다. 물론 당신이나 당신의 동료, 팀원 중에는 탁월한 능력을 가진 '슈퍼스타(super star)'도 있을 것이고, 사고만 일으키는 '폴링스타(falling star)'도 있을 것이다. 그러나 직원들의 대다수는 보통의 능력을 가진 '미들스타(middle star)'다. 이런 대부분의 미들스타급 직원들을 이용해 탁월한 결과를 얻기 위해서, 리더인 당신은 '지속적으로' 목표와 계획을 실행해야 한다. 자, 당신의 실제 현실에 적용되는 공식은 아래와 같다.

평균 정도의 성과창출자 + 지속적인 실행 = 탁월한 결과

물론 리더로서 당신은 가능한 한 최고의 인재를 채용해야만 한다. 당연한 바람이지만 안타깝게도 항상 이뤄질 수는 없다. 그러므로 이보다 더 중요하게 생각해야 할 것은, 모든 직원들에게서 지속적인 노력을 이끌어내는 일이다. 인재의 대부분이 평균의 능력에 미치는 현실에서, 그들의 잠재능력을 끌어 올려 업무 수행력을 향상시킬 수 있는 리더야말로 탁월한 팀을 갖게 된다.

팀의 역량을 고양시키는 가장 기본적이면서 효과적인 방법들 가운데 하나는 확실한 목표를 정하는 것이다. 진정 능력 있는 리더라면 팀원들이 반드시 측정 가능한 최종 목표를 수립하도록 하고, 최종 목표 달성과정에서 달성해야 할 이정표, 즉 중간 목표를 수립하여 중간 목표들도 일정에 맞추어 달성하도록 만든다. 이때 리더가 이용할 수 있는 유용한 방법 중 하나는 SMART한 목표를 적게 하는 것이다.

Specific 구체적인

- 무엇을 성취할 것인가?
- 누구와 함께 할 것인가?

Measurable 측정 가능한

◥ 목표가 달성되었다는 것을 어떻게 알 수 있는가?

◂ 어떻게 측정할 것인가? (품질, 수량, 원가, 납기 등)

Attainable 달성 가능한

◥ 목표는 달성 가능한가?

◥ 책임자가 결과를 관리하는가?

Relevant 적합한

◂ 이 목표가 우리 팀의 중요한 '한 가지 일'을 어떻게 지원하는가?

◥ 이 목표의 가장 적절한 우선순위는 무엇인가?

Time-framed 시간이 정해진

◂ 이 목표는 언제까지 달성될 필요가 있는가?

◥ 중간 점검은 언제인가?

SMART한 목표에서 Measurable(측정 가능한), Time-fram-ed(시간이 정해진)과 관련된 부분은 목표를 끈질기게 진행하는 데 있어 가장 문젯거리가 되는 부분이다. 예를 들어 다음 괄호 안을 채워 넣어보라.

"내가 목표에 도달했음을 알 수 있는 때는 (   )이다."

일단 당신이 성취하고 싶은 결과가 무엇인지 결정된다면, 당신이 수행할 업무의 품질, 분량, 비용, 시간을 예측할 수 있다. 그러니 당신이 설정한 목표를 언제까지 이루고 싶은지, 그 시기를 최대한 구체적으로 정하라. 그저 '내년' 이라고 말하는 것은 별로 도움이 되지 못한다. 마지막으로 당신의 목적을 현재시제, 일인칭 시점, 긍정적 관점으로 말하라.

사실 SMART한 목표를 쓰는 것에 익숙하지 않은 사람은 일일이 목표에 대해 기록하는 일을 지루하게 생각할 수도 있다. 하지만 그러한 목표작성에 시간을 투입한다면 결과적으로 성과에 관련된 문제들에는 더 적은 시간과 에너지를 투입하게 된다. 결과적으로는 계획을 충실하게 실행하는 데 더 많은 시간을 투입할 수 있다.

이제 SMART한 목표와는 반대로, 전혀 SMART 하지 못한 목표설정의 예를 살펴보자.

SMART 하지 못한 목표	SMART 목표
나는 앞으로 효율성을 높일 것이다.	앞으로 내 업무를 모두 달력에 표시해 놓고 팀의 중요한 '핵심 한 가지'에 입각하여 우선순위를 정하고, 그에 집중한다. 내 시간을 잡아먹는 3가지 주범에 대해서는 과감하게 'No!'라고 말한다. 최우선 순위의 일은 완벽하게 끝나기 전까지 미루지 않는다.
우리 직원들에게 더욱더 위임을 해줄 것이다.	월요일 아침이면 제일 먼저 우리 팀이 이번 주에 해야 할 일차적인 업무가 무엇인지 정의하고, 팀원들의 능력에 맞추어 업무분담을 조율한다. 나는 팀원들 각자와 적어도 10분 동안 대화하면서 그들이 해야 할 일을 제대로 인지하고 있는지 확인한다. 나는 팀원들이 맡은 업무를 완전하게 마칠 수 있도록 필요한 정보와 자원을 제공한다.
올해는 팀원들에게 더 나은 환경을 만들어줄 것이다.	팀원들이 성공하기 위해 리더로서 내가 무엇을 할 수 있을지 정기적인 회의를 통해 확인한다. 적어도 한 달에 한 번은 팀의 성과에 대해서 축하할 일은 축하하고 넘어간다.

SMART한 목표를 작성한다면 팀의 평균 성과는 이를 기점으로 향상될 것이다. 일단 당신 자신과 팀을 위한 SMART한 목표를 작성한 후, 그 다음 단계로 팀원들에게 목표 대비 성과관리를 하라.

예를 들어 코칭을 하고, 적절한 피드백을 제공하고, 업무에 대한 시정조치와 좋은 성과에 대해서 인정하는 일들을 해야 한다. 직원들의 업무를 관리하는 것은 주로 특정 행정업무나 인적자원 프로그램에 해당 되는 일로 생각하기 쉽지만, 절대 그렇지 않다. 성취도가 높은 리더들은 성과관리에 대해 팀 평균을 높이고 자신들의 계획에 끈기를 더하기 위한 지속적인 전략적 도구라고 생각한다.

평균적인 능력을 가진 직원들의 능력을 훌륭히 향상시킬 수 있다면, 팀의 성과 역시 눈에 띄게 좋아질 것이다. 그러기 위해서는 팀원 모두는 자신이 무엇을 위해 일하는지 목표하는 방향과 상대적 우선순위는 어떻게 되는지, 어떻게 측정하고 무엇을 가장 중요하게 측정할 것인지, 어떻게 팀의 중요한 '핵심 한 가지'를 달성하도록 지원할 것인지에 대해 알아야만 한다. 직원들의 업무와 노력이 최종적으로 팀의 목표성취에 얼마만큼 도움이 되는지 알고 있다면 더욱

능동적으로 참여할 수 있을 것이다.

효과적인 시스템은 당신과 당신 팀의 평균 성과를 향상시켜주는 또 하나의 필수적인 도구다. 시스템이 잘 갖춰지면 계획을 지속적이고 예측 가능하게 실행하도록 보장해준다. 다시 말하면, 시스템은 바로 당신과 당신 팀의 역량을 완성시켜준다.

시스템은 기술적인 컴퓨터 시스템을 능가하는 효과가 있으며, 명확하고 방법론에 기초한 예측 가능한 방식으로 일을 처리하고 의사결정을 하는 데 도움을 준다. 효율적인 시스템은 팀원 전체가 업무를 할 때 긍정적인 습관을 갖도록 해주며, 또한 리더도 더 효율적이고 효과적으로 만들어준다. 시스템으로부터 얻을 수 있는 장점에는 다음과 같은 것들이 있다.

- 중요한 의사결정을 내릴 수 있다.
- 일의 우선순위를 정할 수 있다.
- 새로운 제품과 서비스를 개발할 수 있다.
- 인재를 고르고 성장시킬 수 있다.

성과를 측정할 수 있다.

상호간 의사소통을 도와준다.

갈등을 해소한다.

"목표와 관련된 것 중 가장 중요한 것은 바로 목표를 갖는 것이다."

제프리 F. 아버트 *Geoffrey F. Abert*

효과적인 시스템을 구축하라

훌륭한 시스템은 우연히 얻어지는 게 아니다. 스스로에게 물어보라. "나는 지금까지 어떤 시스템을 사용하여 팀원들이 지속적으로 계획을 진행하도록 도왔는가?" 당신과 당신 팀을 위한 시스템을 만들고 싶다면 아래와 같은 예를 활용하라. 팀의 끈기를 향상시켜줄 것이다.

- 팀 업무용 달력 또는 프로젝트 진행 달력
- 업무진행 중 정기적인 검사
- 팀원 대상의 교육 실시
- 정보공유를 위한 정기적인 팀별 일정회의
- 계획과 관계없는 불필요한 업무에 대한 정의, 공유
- 고객불만 접수와 그 해결과정에 대한 문서화
- 팀원들과의 인터뷰를 통한 업무 프로세스의 취사선택
- 팀의 월별 성과 게시
- 프로젝트 완수 후 표준화된 방식을 따라 프로젝트 중 습득한 교훈을 토론

사용할 수 있는 자원이 충분하고 잘 갖춰져 있다는 것은 끈질기게 목표를 추구할 수 있는 열쇠가 된다. 어떤 현자가 이런 말을 한 적이 있다. "성공의 지름길은 모든 것을 아는 게 아니라, 24시간 안에 자신의 무지를 알아차리는 것이다." 절대적으로 맞는 말이다. 당신이 리더라도 팀원들이 하는 모든 일을 전부 다 자세히 알 수는 없다. 그러므로 시스템을 이용하라. 그러면 팀원들이 제대로 방향을 잡아가고 있는지 그렇지 않은지 금방 가늠할 수 있을 것이다. 또한 잘못된 방향으로 가고 있다면 원인을 규명하여 행동까지 수정

할 수 있다.

윈스턴 처칠Winston Churchill은 이렇게 말했다. "태어나서 25년 동안 나는 자유를 갈망했다. 그 이후 25년 동안 나는 질서를 갈망했다. 그리고 이후 25년 동안 나는 질서란 곧 자유임을 깨달았다." 제대로 된 시스템을 실행하고 개발한다면, 당신은 비즈니스를 하는 데 있어 당신을 자유롭게 해줄 질서를 갖게 될 것이다. 다시 말해, 비즈니스 안에 푹 파묻혀 허덕이지 않고, 한발짝 물러나서 자유자재로 조종할 수 있게 된다.

"우리의 목적은 우리 자신이 열렬하게 믿고, 열정적으로 행동으로 옮겨야 하는 바로 그 계획을 통해서만 달성될 수 있다. 이외에 성공에 이르는 다른 방법은 없다."

스테판 A. 브래넌Stephen A. Brennan

균 형 잡 힌 시 각 을 유 지 하 라

　높은 성과를 창출하는 리더는 항상 자신의 환경을 세밀하게 살핀다. 한 걸음 뒤로 물러서서 큰 그림을 바라볼 줄 아는 것이다. 그 후에야 구체적이고 상세한 일에 몰입한다. 그들은 미래를 계획하기 위해 과거를 돌이켜보며 지나간 경험을 통해 얻을 수 있는 교훈을 다시 한 번 점검한다. 전체적인 부분과 구체적인 부분, 미래와 과거 등 균형 잡힌 시각을 유지하는 일은 곧 역량의 향상으로 이어진다는 것을 잘 알기 때문이다.

성공 하는 리더는 큰 그림과 구체적인 그림을 동시에 보는 것이 얼마나 중요한지 이해한다. 그러나 안타깝게도, 너무나 많은 리더들이 사람과 비즈니스에 대한 구체적이고 세밀한 지식도 없이 그저 100미터 높이의 전망에서 내려다보며 일하고 있다. 물론 높은 곳에서 전체를 조망하는 일은 리더로서의 성공을 위해 필요하다. 그러나 자신의 팀에 대한 깊이 있는 이해도 없이 큰 그림만 보는 것은 아무 가치가 없다.

당신의 계획을 효과적으로 고수하기 전에 먼저 팀의 각종 운영상황을 이해하고 시작하라. 즉 비용, 이익, 고객만족 요인 등 세부적인 것들과 요구사항들을 이해해야만 한다. 습관적으로 사소한 일을 무시하는 사람은 결과적으로 큰일까지 무시하기 마련이다. 큰 그림에서부터 구체적인 일에 이르기까지 자신의 비즈니스를 제대로 이해할 수 있는 시각을 갖는다면, 자신은 물론 팀의 사각지대를 사전에 예방할 수 있다.

이것뿐만 아니라, 균형 잡힌 시각을 갖는 데 유용한 것은 과거와 미래를 동시에 보는 방법이다. 어느 팀이나 다양한 성과 지표를 갖고 있다. 그러므로 그러한 지표가 무엇을 의미하는지, 가장 중요한 지표들은 무엇인지, 더 중요하게는 그 지표들 사이에서 어떻게 균형을 유지할 것인지 알아야 한다.

측정지표들은 두 종류로 구분된다. 하나는 당신 팀 과거의 결과, 즉 당신의 계획들이 예상대로 잘 실행되었는가를 보여주는 후행지표들이고, 다른 하나는 미래 결과의 동인, 즉 문제들의 조기경보를 보여주는 선행지표들이다.

재무 지표	고객 지표	프로세스 지표	종업원 지표
• 매출	• 불만 해소	• 품질	• 종업원 만족도
• 원가	• 고객 만족	• 사이클 타임	• 종업원 계발
• 이익	• 고객 유지	• 생산성	• 종업원 보유도
		• 응답 시간	
	★내부고객과 외부 고객 모두 측정		

후행지표 → 선행지표

과거 → 미래

문제는 대다수의 사람들이 후행지표만 중요하게 생각한다는 것이다. 특히 재무 지표에 집착한다. 물론 후행지표들은 과거에 어떻게 일을 수행해왔는지 이해하는 데 아주 유용하다. 그러나 후행지표는 선행지표와 함께 균형을 이루어야 한다. 선행지표는 당신의 팀이 앞으로 6개월 후, 혹은 1년 후 어떤 성과를 낼지 가늠하게 해준다. 후행지표만 집중해서 본다면, 팀이 정해진 항로에서 벗어나 표류할 때 그 잘못을 바로 잡을 수 있는 기회를 놓칠 위험이 있다. 그러므로 효과적인 리더는 후행지표와 선행지표를 동시에 고려한다. 그래야 과거에 무슨 일이 일어났었고, 그를 토대로 앞으로 어떤 일이 일어날지 가늠할 수 있기 때문이다.

당신은 바다를 항해하는 한 배의 선장이다. 그러므로 팀의 업무수행에 대해 균형 잡힌 시각을 유지해야 하고, 그래야만 당신과 팀의 역량이 향상되고 계획에 대한 계속적인 끈기를 유지할 수 있다. 그러니 항로(큰 그림)를 계획하고 갑판(구체적인 일)을 간단하게 정리하며, 늘 지나온 항로(후행지표)를 체크하면서 수평선 너머(선행지표)를 바라보라.

"지혜란 인생에 대한 당신의 시각이자 균형감각이며, 다양한 부분과 원리가 서로 어떻게 적용되며 관계를 맺는지를 이해하는 것이다."

스티븐 코비*Stephen Covey*, 《성공하는 사람들의 7가지 습관》의 저자

가난한 미혼모에서 대기업에 맞서 싸우는 전문가로―에린 브로코비치

에린 브로코비치-엘리스*Erin Brocjovich-Ellis*는 개인의 역량을 극대화시킨 아주 좋은 예다. 1999년 그녀의 이름을 제목으로 붙인 영화가 제작될 정도로 그녀의 이야기는 우리 사회에 신선한 충격을 주었다. 그녀는 혼자서 세 자녀를 키우고 있었으며, 아이를 양육할 충분한 돈도 없고, 정규교육도 제대로 받지 못한 사람이었다. 그러나 에린 브로코비치는 미국 역사상 가장 큰 규모의 유해물질 유출사고에 대한 피해보상금 판결에서 당당하게 승소한 장본인이다. 그것도 오직 그녀 혼자만의 힘으로 말이다. 그녀는 강인한 의지와 높은 집중도만 가지고 있다면 가진 것이 없어도 엄청난 일을 해낼 수 있다는 것을 보여준 산 증인이다.

에린은 우연히 대기업의 공장에서 유출하는 화학성분이 수질을 오염시켜 마을 사람들을 병들게 하고 있다는 사실을 알게 되고, 마을주민의 서명을 받아낸 후 대기업을 상대로 엄청난 소송을 시작한다. 파렴치한 대기업의 불법행위에 대항하기 위해 필요한 법률지식은 모두 공부했고, 결국 피해

보상금 협상금으로 3억 3천 3백만 달러라는 거금을 받아냈다. 자신의 능력을 개선하고픈 그녀의 확고한 의지는 결국 자신의 분야에서 전문가적인 지위까지 이를 수 있는 원동력이 되었다.

지속적으로 실행할 수 있는 뜨거운 원동력
: 열정

"위대한 일 치고 열정 없이 이루어진 것은 하나도 없다."

—랄프 왈도 에머슨*Ralph Waldo Emerson*

끈기의 적(敵) 3 : 부정적인 가정

당신이 갖는 특정한 시각과 가정(assumptions)은 미래에 당신이 실제로 어떤 행동을 하고 어떤 결과를 얻을지 예견한다. 스스로 자신에 대해 가정을 한다는 것이 나쁘다는 것이 아니다. 그러나 중요한 것은 당신의 가정이 행동에 어떤 영향을 미치느냐에 따라 당신의 절친한 친구가 되기도 하고, 최악의 적이 되기도 한다는 점이다. **즉, 긍정적인 가정은 긍정적인 결과를, 부정적인 가정은 부정적인 결과를 낳는다.** 믿지 못하겠지만 이는 사실이다.

당신의 가정은 팀에게 지대한 영향을 미친다. 또한 단 한 번이 아닌 지속적인 영향을 미친다. 그래서 미래에 대한 가정은 곧 주변 사람과 상황에 대한 당신의 반응을 미리 결정한다. 또한 팀원들 역시 당신의 반응에 영향을 받아, 당신에 대한 다른 반응을 할 것이다. 예를 들어, 이번 달 성과에 대해 누군가가 부정적인 예측을 한다면, 다른 사람들 역시 당신의 말을 듣고 부정적인 상상을 하기 시작한다. 그 이후로는 리더가 성과를 높이기 위해 노력하자고 말해도, 직원들은 이미 불가능한 일이라고 생각하기 때문에 그의 이야기를 진심으로 받아들이지 않는다.

팀원들이 당신의 부정적인 행동과 반응을 목격한 순간, 그들 역시 당신에 대한 가정과 억측을 만들기 시작한다. 그들의 부정적인 가정은 곧 당신에 대한 부정적인 반응을 낳을 것이고, 결국 이 악순환은 계속 나쁜 쪽으로 발전해나갈 수밖에 없다. 정도의 차이가 있긴 하지만, 이런 악순환은 당신 팀의 성취에 한계를 만든다. 평범한 수준에서 벗어나지 못하는 것이다.

그렇다면 긍정적인 예를 들어보자. 만약 당신이 힘든 상황이지만 목표한 것을 충분히 달성할 수 있을 것이라고 가정한다면, 당신은 팀원들이 정말 할 수 있을 것처럼 말하고 행동할 것이다. 그러면 팀원들은 당신에게 긍정적인 자극을 받아 실제로 그 목표를 성취함으로써 당신에게 반응할 것이다. 그러나 당신이 당신 팀에 대해서 부정적인 가정을 하면, 당신의 행동은 부정적인 기운에서 벗어날 수 없다. 결국엔 다음과 같이 말하는 자신을 발견하게 될 것이다. "이 프로젝트는 절대 제시간에 끝내지 못할 거야.", "다른 부서가 제대로만 한다면 성공할 수 있을 텐데."

이처럼 부정적인 가정을 하기 시작하면 당신의 행동 역시 부정적인 가정에 걸맞게 나타난다. 업무를 할당하는 방식, 다른 사람들과 관계를 맺는 방식, 성과에 대한 기대치를 설정하는 당신의 부정적인 가정에 입각한 행동들은 결과적으로 다른 사람들로부터 부정적인 반응을 이끌어내게 된다. 그러한 반응은 당신의 부정적인 가정을 다시금 강화시킴으로써 악순환이 시작된다.

성취도가 높은 사람은 미래에 대한 자신의 가정은 절대 숨길 수 없으며, 자연히 행동으로 표현된다는 것을 잘 알고 있다. 또한 어떻게 가정하고 생각하는가가 팀에게 직접적인 영향을 미치므로, 팀원들이 끈기 있게 계획을 물고 늘어지느냐 아니냐는 그들의 역량에 달렸다는 것을 안다.

"당신이 해야 할 가장 중요한 대화는 바로 당신 자신과의 대화다."
익명

집중도×역량×열정=끈기

일반적으로 성취도가 높은 개인과 리더들이 갖는 공통적인 특징은, '핵심 한 가지'에 대한 놀랍도록 깊은 열정이다. 집중도와 역량 역시 끈기의 중요한 요소지만, 열정이야말로 오랜 시간 동안 끈기 있게 목표에 매달릴 수 있게 해주는 강력 접착제와 같은 역할을 한다. 즉 목표에 대한 애정, 열망, 정열이 크면 클수록 더욱 꾸준히 일을 진행한다.

개인적으로든 사회적으로든 특정한 목표에 대한 열정을 가지면 사람들은 자발적으로 그 목표를 성취하기 위해 필요한 행동을 취한다. 이때 열정은 그 행동을 가능케 하는 동기와 에너지의 공급원이다. 성공하는 사람들을 연구한 연구자들의 말을 들어보면, 열정이야말로 '잃어버린 고리'라고 진단한다. 왜냐하면 '열정'이란 눈에 보이지 않으면서도 목표를 이루는 데 반드시 필요한 요소이기 때문이다. 열정이야말로 개인과 조직이 한 가지 계획을 끈기 있고 지속적으로 밀고 나갈 수 있는 뜨거운 원동력이 된다.

당신과 당신 팀의 끈기를 높이기 위해서 열정을 기르는 3

가지 성공요소를 계발해야 한다.

1. 생생하게 그림을 그려라.

2. 당신이 원하는 것을 주어라.

3. 당신의 가치를 평가하라.

생생하게 그림을 그려라

이제까지 우리는 집중도를 높이고 역량을 개발하는 일에 대해 살펴보았다. 이런 작업들은 팀원들의 마음을 사로잡을 것이다. 그들의 마음을 사로잡은 다음, 열정에 불을 붙이려면 그들이 갖고 있는 기본적인 심리적인 요구 중 하나를 충족시켜주어야 한다. 즉 자신의 일이 단순히 하나의 일에 끝나지 않고 조직의 성장에 보탬이 되며, 일을 통해 인생의 의미를 찾는다는 심리적인 만족감을 채워주어야 한다.

열정과 만족감에 대한 좋은 예가 있다. 한 건물의 건설현장에서 세 명의 남자가 바위 깨는 일을 하고 있었다. 누군가 그들에게 다가가 이런 질문을 던졌다 "당신이 하는 일이 뭐요?" 그러자 첫번째 남자가 대답했다. "내 직업은 하루에 8시간 동안 위에서 시키는 대로 하는 겁니다. 그래야 월급이 나오죠." 이번엔 똑같은 질문을 두번째 남자에게 던졌다. 그는 이렇게 대답했다. "내 일은 바위를 깨는 겁니다." 그리고 마지막 남자의 차례가 됐고, 그는 이렇게 대답했다. "내 일은 바위를 깨서 성당을 짓는 것이죠."

이 세 사람 가운데 가장 행복하고 가장 생산적이며, 꾸준히 그 길을 갈 수 있는 사람은 누구라고 생각하는가? 의심할 여지없이 세번째 남자다. 그는 자신의 일이 단순히 바위를 깨는 것보다 더 큰 뭔가를 이루기 위한 한 과정이라고 알고 있기 때문이다. 즉, 그 남자는 분명 바위 깨는 일을 하지만, 더 위대한 목적을 위해 헌신하고 있다고 이해한 것이다.

사람은 자신이 믿는 무언가를 위해서 최선을 다해 열심히 일할 때 비로소 강도 높은 열정이 생겨난다. 이 열정은 곧바로 정신의 강인함으로 연결되어, 열정이 넘치는 사람은 다른 사람의 눈에는 장애물로 보이는 것에서도 새로운 기회를 캐낸다. 그러므로 개인이 업무 속에서 단순한 일 이상의 의미를 찾고 열정을 발휘할 수 있다면, 그는 더 크고 위대한 목적을 위해 누가 시키지 않아도 자유의지로 노력을 하고 기꺼이 헌신하고자 하는 의지를 갖게 될 것이다.

2001년 9·11 사태 이후 미국경제는 갑작스런 침체기에 빠졌다. 특히 항공산업이 큰 타격을 받았다. 그때 사우스웨스트 항공사Southwest Airlines의 직원들은 자발적으로 직원들의 총 휴가비용 5백만 달러와 급료 1백만 달러를 삭감함으로써 회사가 재정적으로 회생할 수 있도록 도왔다. 뿐만 아니라, 사우스웨스트 항공사 직원들은 본사 건물에 딸린 잔디밭과 건물의 유지비까지도 기꺼이 지출했다. 누구도 시키지 않았고, 압력을 넣지도 않은 것은 분명하다. 왜냐하면 사우스웨스트 항공사의 직원들은 자신의 작은 행동이 대의(大義)에 보탬이 될 수 있다는 의식을 가졌기 때문이다. 그들의 표현을 빌자면 사랑하는 '사우스웨스트 가족'이 다시 살아날 수 있도록 기꺼이 헌신한 것이다. 직원들에게 사우스웨스트 항공사란 돈을 받고 일하는 직장 이상으로 자신들을 보살펴주는 곳이었으므로, 직원들은 이 상황을 통제 불가능하다고 여기지 않고 오히려 더 큰 목적을 위해 공헌할 수 있는 기회로 삼았던 것이다.

이처럼 직원들이 일터를 단순한 회사 이상으로 의미 있게 생각하기 위해서는, 조직의 전체 목표를 보고 자신의 업무가 목표를 위한 중요한 한 부분이라는 것을 깨달아야 한다. 이때 리더는 그들의 업무가 조직에 어떤 이익을 주는지 가치를 부여해줘야 한다. 사람은 자연적으로 자신만을 위해서 일할 때보다 더 큰 조직의 특별한 한 부분이라는 것을 이해할 때 비로소 자신의 일에 대해서 열정을 느낀다. 그러므로 리더는 직원들이 열정적으로 일할 수 있도록 다음의 4가지 질문에 대해 대답해야 한다. 직원들은 당신이 그들의 질문을 듣든 말든 늘 아래와 같은 질문을 던지고 있다는 것을 명심하자.

1. 우리는 지금 어디로 가고 있는가? (전략)
2. 그곳에 가기 위해서 우리는 무엇을 하고 있는가? (계획)
3. 나는 어떻게 공헌할 수 있는가? (역할)
4. 그 안에 어떤 보상이 있는가? (보상)

팀원들이 조직의 큰 그림을 보게 되면, 그 다음 단계로 리더는 모든 프로젝트와 업무에서 팀원들이 더 큰 목적을 찾도록 도와야 한다. 팀원들이 업무와 목표 사이의 상관관계를 인지할 수 있도록 "내가 왜 이 일을 해야 되지?"라는 질문에 대답할 준비를 하라. 그러나 "위에서 시키니까" 같은 대답은 사절이다.

다음은 보람 있는 일터를 만드는 몇 가지 비결이다.

- 조직원들의 일과 팀 전체의 '핵심 한 가지' 사이의 명확한 관계를 파악하라.
- 조직원들로 하여금 자신의 목표에 대해 주인의식을 가질 수 있도록 각종 도구와 자율성을 제공하라.
- 조직원들이 새로운 기술을 익히고 지식을 익힐 수 있도록 기회를 제공하라.

팀을 위해 의미 있는 일을 창조한다는 것은 자칫 비업무적이고 구체적이지 못한 과정처럼 보일 수 있다. 하지만 성취도 높은 리더들은 이처럼 눈에 보이지 않는 정신적인 면모가 아주 견고하고 구체적인 결과를 가져온다는 것을 알고 있다.

"일을 완성하고자 간절히 원하면 원할수록, 나는 그것을 일이라고 부르지 않는다."

리처드 바크*Richard Bach*, 《갈매기 조나단》의 저자

당신이 원하는 것을 주어라

사람들의 생각하는 것과 달리, 대부분의 직원들은 봉급이 적다거나 회사가 자신에게 뭔가 잘못했기 때문에 직장을 그만두는 게 아니다. 진실은, 자신의 상관에게 받은 아주 사소한 인격적인 푸대접 때문에 직장을 그만두는 것이다. 즉 사람은 사람 때문에 직장을 그만두지 회사 때문에 그만두는 것이 아니다. 대부분 이런 문제는 누구나 다 아는 '타인을 존중하라' 는 간단한 원칙을 지키지 못해서 일어난다.

우리는 모두 다른 사람에게 예의에 따라 존중받고 대접받기를 원한다. 남들에게 존중받는 존재가 되고 싶은가? 그렇다면 먼저 당신 자신부터 남들을 존중하고 대접하라. 그것이 최선의 방법이다. 서로 존중하는 마음을 쌓아가는 방식에는 2가지가 있다. 예절 바른 태도를 보이고, 또한 그 사람의 인격 자체를 인정하는 것이다.

상대방을 존중하는 마음가짐은 작고 사소한 행동으로 나타낼 수 있다. 즉 그 사람을 향한 미소나 정중한 부탁, 감사하다는 말 한 마디, 대화할 때 이름을 불러주는 행동, 약속 시간 지키기 등으로도 상대방에 대한 존중의 마음을 표시할 수 있다. 우리가 너무나 잘 알고 있어서 유치원 교실 벽에나 붙어 있을 법한 바른생활 목록처럼 들릴 것이다. 그러나 우리는 너무나도 바쁜 일상 탓에 이렇게 평범하고 기본적인 예절을 자주 잊어버린다.

이밖에도 상대방에게 존중하는 태도를 보여주는 방법에는 여러 가지가 있다.

- 대화할 때 상대방과 눈을 맞춘다.
- 본격적인 업무 시작 전, 가벼운 인사말을 나눈다.
- 약속시간에 늦거나 도중에 합석했다면 이유를 밝히고 사과한다.
- 상대를 가르치려 들지 말고 대화를 나눈다.
- 빈정거리지 않는다.
- 감정을 통제한다.

이런 간단한 행동은 상대방에 대한 존중을 심화시키고 나아가 일, 직장, 동료에 대한 열정 등 다양한 차원의 열정을 불러일으키는 원동력이 된다.

상대방에 대한 존중을 기르기 위한 두번째 방법은, 그 사람을 있는 그대로 하나의 인격체로서 인정하는 것이다. 상대에 대한 전적인 이해의 마음은 전깃불처럼 마음대로 켰다 끌 수 있는 게 아니라, 당신의 인생 자체에 녹아드는 자연스러움 그 자체다. 직원은 팀의 목표를 성취하기 위해 필요한 수단 정도가 아니다. 그들은 조직을 위한 기계나 도구가 아니라 마음이 있고 인격이 있는 개인이다. 당신이 리더라면 이제부터라도 팀원들에게 더욱더 정성스러운 관심을 보여야 할 것이다.

찰스 플럼*Charles Plumb*은 베트남 전쟁 당시 해군 조종사
였다. 75차례나 전투에 참가했던 그였지만, 마지막에는 적에
게 비행기가 격추되어 추락하고 말았다. 다행히 찰스는 비상
탈출을 해서 낙하산을 폈지만, 적에게 생포되었다. 베트남의
감옥에서 6년을 보내고 석방된 찰스는 고국으로 돌아와 그
때의 힘들었던 경험과 교훈을 다른 사람들에게 전하는 일을
하고 있다.

찰스와 그의 아내가 식당에 앉아있을 때였다. 한 남자가
다가오더니 찰스에게 반갑게 말했다. "당신, 찰스 플럼이군
요! 항공모함 키티 호크*Kitty Hawk*에서 전투기를 타고 이륙
했던 공군조종사였죠? 베트남 적진에서 격추되었을 때는
얼마나 아찔했는지 몰라요."

"세상에, 그걸 어떻게 알죠?" 찰스가 깜짝 놀라며 물었다.

"내가 바로 그 당시 당신의 낙하산과 장비를 챙긴 사람이
니까요." 그 말을 들은 찰스는 놀라움과 고마움에 잠시 할
말을 잃었다. 그는 환하게 웃으면서 손으로 펌프질을 하는
흉내를 내면서 말했다. "살아 있을 줄 알았어요. 그 낙하산,
제대로 펴질 거라고 믿었거든요."

찰스 플럼은 그의 말에 맞장구를 치며 대답했다. "물론 낙하산은 제대로 작동했죠. 만약 낙하산이 펴지지 않았다면, 아마 오늘 이 자리에 앉아 있지도 못했을 겁니다."

그날 밤, 찰스 플럼은 그 남자 생각에 쉽게 잠을 이룰 수 없었다. 그는 과거로 기억을 돌려, 항공모함 선실 구석의 나무 탁자 위에서 하루 종일 낙하산 장비를 접는 일을 했을 사병에 대해서 생각했다. 세심하고 주의 깊게 조종사들의 낙하산을 접는 사병들. 다른 누군가의 운명을 손에 쥐고 있던 그 사람들.

찰스 플럼은 나중에 이렇게 말했다. "나는 해군제복을 입고 있었을 그 남자의 모습을 기억해내려고 무진 애를 썼어요. 하얀 모자에 세일러복, 통이 넓은 바지를 입었을 그 남자 말입니다. 아마 우연히 그를 스쳐 지나쳤을 때도 많았을 겁니다. '안녕하세요? 요즘 어때요?' 라는 간단한 인사말조차 건네지 못했던 적이 얼마나 많았을까요. 단순히 나는 전투기 조종사고 그는 평범한 해군사병이라는 이유로 말이죠. 그러나 결국 그는 내 생명을 구했어요."

자, 당신의 낙하산은 누가 챙겨주고 있는가?

조직이 어려운 상황에서도 훌륭한 성과를 내 당신을 구해주는 유능한 직원들에게 감사를 표현하는 일은 어렵지 않을 것이다. 그러나 성과가 좋든 나쁘든, 당신보다 직위가 높든 낮든 개의치 않고 직원들 각자에게 감사하는 마음을 갖는 것은 사실 어려운 일일 것이다. 하지만 의미 있는 일인 것만은 분명하다.

하루를 정리하는 마지막 순간에 이것만은 기억하자. 지금 이 순간 내가 얻은 성공은 나 자신만의 노력 때문이 아니라, 다른 이들의 도움이 없이는 불가능했을 결과라는 사실을. 우리는 모두 자신의 생산성을 더욱 향상시킬 수 있도록 뒤에서 도와주는 누군가와 함께 있다. 그 사람이 당신의 상사든 부하직원이든 중요하지 않다. 그러므로 직함이 아니라, 사람에게 집중하라.

그들을 이해하기 위해 얼마만큼 오랜 시간 대화를 나누느냐는 중요하지 않다. 다만 그들에게 특별한 의미가 있는 것, 예를 들어 가족들이나 취미 등을 알려고 노력하라. 매일매

일 격렬히 살아가는 일상 속에서 우리는 종종 진짜 소중한 것들을 잊어버린다. 출근과 함께 아침인사를 하고, 목적을 달성한 사람에게 축하와 격려를 해주고, 칭찬을 하고, 주변의 모든 사람들에게 관심을 가지고 잘해주는 일, 사람에게 소중한 이런 일들을 잊고 있지 않았나 돌이켜보라.

직원들을 이해하고 사소한 것에도 그들을 존중하고 떠받드는 일, 이를 통해 리더와 팀은 서로 헌신적인 관계가 된다. 이런 행동들은 팀원 각자의 열정을 더욱 뜨겁게 만들어 '핵심 한 가지'에 더욱 노력하게 만든다. 당신이 남들에게 원하는 대로 그들을 대하라. 그렇다면 그들도 당신이 원하는 것을 내줄 것이다.

"끊임없는 친절은 많은 것을 이룰 수 있다. 태양이 거대한 빙산을 녹이듯이, 친절은 오해와 불신, 적개심을 증발시킨다."
　알버트 슈바이처 *Albert Schweitzer*, 독일의 의사이자 신학자, 철학자

당신의 가치를 평가하라

당신의 팀이 '무엇을' 하느냐만큼 중요한 일은, 당신 팀이 '어떻게' 일을 하느냐다. 말하자면, 팀 전체가 가치 있게 생각하는 것이 무엇이냐가 중요하다는 뜻이다. 가치는 팀원들이 공통된 집중도를 갖도록 도와주고, 하나의 기준을 설정하도록 해준다. 예를 들어 협력, 혁신, 무결점, 고객 제일주의 같은 목표는 팀이 추구하는 최고의 가치가 될 수 있다.

'커뮤니케이션communication'이라는 단어는 '공동체'를 의미하는 라틴어인 '커뮤니티community'에서 파생된 단어다. 팀원들과 팀의 가치에 대해 의사소통을 하고 이해하려는 노력은 곧 팀의 독특한 공동체 의식을 만드는 데 중요한 역할을 한다.

당신이 팀의 가치를 전하는 방식에 따라 당신은 팀을 냉소적으로 만들 수도 있고 열정적으로 만들 수도 있다. 어떤 리더는 팀원들에게 조직의 가치를 이해시키기 위해 홍보 캠페인을 벌여 가치를 '판매'하듯 전파하기도 한다. 반면 어떤 리더는 팀에 대한 부정적인 가정(assumptions)을 하여 팀원들의 사기를 저하시키거나, 팀원들이 주체적으로 공동의 가치를 해석하는 일을 달가워하지 않는다. 말하자면 팀에게 공동의 가치와 그 의미를 일방적으로 주입시키고자 하는 것이다. 왜냐하면 리더인 자신이 공동의 가치를 가장 잘 알고 있다고 과신하기 때문이다. 만약 당신이나 당신의 리더가 이런 경우라면 조심하기 바란다. 다른 사람의 지혜를 과소평가하는 사람은 그 자신의 지적능력에 대해서 과대평가하는 경향이 강하기 때문이다. 자신이 이런 행동을 하는 것이 아닌지, 주변의 누군가 이런 성향을 가지고 있지 않은지 점검해보길 바란다.

가치에 대한 상호소통은 팀의 '핵심 한 가지'에 대한 팀원들의 열정에서 자연스럽게 우러나와야 한다. 그리고 가치를 설정하는 데 가장 중요한 것은 최대한 단순하게 표현하는 것이다. 그래야지 직원들은 가치의 의미를 이해하고 각자 제멋대로 해석하는 잘못을 저지르지 않는다. 예를 들어, 팀의 가치가 "고객은 언제나 옳다"라고 하자. 하지만 이 가치는 실제 상황에서 여러 가지 방식으로 해석될 수 있다. 그러므로 몇 가지 구체적인 예를 제시해주면 팀원들은 쉽게 가치의 범위를 이해하고 그 의미를 받아들인다.

궁극적으로 팀 공동의 가치가 액자 속에 들어 있는 죽은 구호에 머물지 않고 현실 속에서 적극적으로 실현되게 하려면, 팀원들에게 그 가치가 개인적으로도 의미 있는 것이 되어야 한다. 팀이 추구하는 가치는 구성원들 사이에서 강한 정서적 유대감을 만들어낸다. 팀의 열정에 어떻게 불을 붙일 수 있을까? 관건은 팀원들이 팀 공동의 가치를 자신에게 맞게 해석하여 자기 것으로 내면화하도록 돕는 데 있다. 다음과 같은 질문은 공동의 가치를 내면화하기에 유용하다.

- 이러한 가치가 나에게 무엇을 의미하는가?
- 이러한 가치들로 인해 나는 어떤 느낌이 드는가?
- 나의 업무가 이러한 가치에 부합하는가?
- 이러한 가치들이 더욱 잘 반영되도록 나의 일을 어떻게 다른 방식으로 할 수 있을까?

만약 리더가 팀의 가치를 중요하게 생각하지 않는다면, 그 누구도 가치를 존중하지 않을 것이다. 그러므로 팀의 공통된 가치에 대해 서로 의견을 나눌 수 있는 시간을 마련하라. 그리고 더 중요한 것은, 그 가치대로 생활하도록 노력하라.

"대화하고, 대화하고, 대화하라. 당신 자신에 대해서 더 이상 듣기 지겨울 때까지 대화하라. 그리고 또 다시 대화하라."
잭 웰치*Jack Welch*, GE(General Electric) 사의 전 CEO

아름답고 편안한 구두를 향한 열정 – 타린 로즈

타린 로즈 박사*Dr. Taryn Rose*는 내면의 열정에 충실함으로써 성공할 수 있었던 여성이다. 그녀는 의료계에서 13년이라는 시간을 투자한 정형외과 레지던트였다. 또한 패션에도 남다른 열정을 가지고 있었다.

그녀도 대다수의 여성들처럼 신발을 고를 때 편안함보다는 스타일을 추구했다. 정형외과 의사로서 다른 여성들이 불편한 구두 때문에 겪는 발의 고통을 바로 치료해주면서, 동시에 자신의 발도 치료하고 있었던 것이다.

그녀 역시 모양은 예쁘지만 발이 불편한 구두로 고생을 하고 있었기에, 여성들이 편안하면서도 모양도 좋은 구두를 신을 수 있는 방법은 없을까 고민하기 시작했다. 그 결과 로즈 박사는 높은 연봉, 안정된 근무환경, 오랜 수련기간을 미련 없이 버리고 의사의 길을 포기하고 여성들을 위한 구두 사업을 시작했다. 구두에 대한 남다른 열정이 있었기에 그녀는 결국 자신의 이름을 딴 구두 브랜드를 설립하였고, 현재 자산이 8백만 달러나 되는 회사의 경영자가 되었다. 지금도 많은 외과의사와 유명 인사들이 그녀의 예쁘고 편안한 구두를 찾는다.

자신만의 길을 창조하고 열정을 쏟아 붓는 사람들은 모든 차원에서 큰 보상을 받는다. 타린 로즈 박사 역시 의사라는 안정된 위치를 버리는 것이 쉽지 않았을 것이다. 그러나 그녀는 결국 어엿한 기업의 경영자로 성장했다. 이렇게 자신만의 길을 만들어가는 사람들은 목표에 대한 강한 목적의식을 가지고 헌신하게 되고, 그 결과 로즈 박사처럼 엄청난 경제적 보상까지 받게 된다.

끈기의 적(敵) 4 : 외부로부터 내부로의 접근방식

놀라운 사실이지만, 많은 개인과 리더들이 자신과 자신의 팀에 대해 잘못된 접근태도를 갖는다. 잘못된 접근태도란, 자기 자신은 바꾸려고 하지 않고서 자신 이외의 팀원들을 변화시키려고 애쓰는 것이다. 이런 개인이나 리더는 팀이 목표에 대해 더 집중하기를 원하면서도, 막상 자기 자신은 별로 집중하는 태도를 보이지 않는다. 이렇게 자기반성을 하지 못하고 구경꾼처럼 접근하는 태도는 단기간 팀원들의 태도를 변화시킬지는 몰라도, 결코 장기간의 지속적이고 근본적인 변화를 일으키지는 못한다. 사실, 조직 내 변화를 위한 여러 가지 노력은 대개 18개월 이내에 실패한다고 하는데, 그 이유가 바로 여기에 있다. 특히 리더가 자기반성을 하지 않고 팀을 변화시키려고 한다면 그 누구도 변화를 받아들이지 않을 것이다.

끈기는 내부에서부터 외부로 접근할 때만 생겨난다. 당신은 자신으로부터 시작해야만 하고, 모범을 보임으로써 팀원들을 이끌어나가야만 한다.

효과적인 팀 성과는 효과적인 개인의 성과로부터 시작된

다. 그러므로 자신이 변화하려고 하지 않고 일방적으로 팀의 변화를 강요하고 시도하는 리더들은 자신들의 계획을 끈기 있게 실행하지 못한다. 명심하라, 높은 성과를 내는 리더들은 자신들로부터 시작한다.

"성공하고 싶다면, 바람을 바꾸려고 노력하지 말고 배를 조종하는 데 최선을 다하라."
익명

끈질긴 실행을 위한 새로운 시작

새로운 출발을 위해 당신이 훌륭한 사람이어야 할 필요는 없다.
그러나 훌륭한 사람이 되기 위해서는 지금 당장 시작하라.

끈질긴 실행을 위한 구성요소

구성요소	성공요소
집중력	당신만의 '핵심 한 가지'를 찾아라. 'No'라고 말할 때를 알아라. 가능한 한 단순하게 유지하라.
경쟁력	평균을 높여라.

효과적인 시스템을 구축하라.

균형 잡힌 시각을 유지하라.

열정	생생하게 그림을 그려라.
	당신이 원하는 것을 주어라.
	당신의 가치를 평가하라.

집중도 × 역량 × 열정 = 끈기

성취도가 높은 사람들에게, 지식을 추구하는 것은 아주 중요하다. 그러나 효과적으로 계획을 실행하는 데 '자신에 대한 지식'만큼 중요한 것은 없을 것이다. 자기 자신과 자신의 팀에 대해서 알면 알수록 현실에 잘 맞는 실용적인 지혜가 나온다. 지혜는 사람의 나이 또는 경험과는 전혀 상관없다. 그러니 시간이 흐르면 당연히 더 현명해질 것이라는 생각에 현혹되지 말라. 지금부터 당신 자신과 팀에 대해서 가능한 한 많은 것을 배우기 위해 노력하라.

당신의 계획을 더욱더 온전히 실행하기 위한 끈기를 높이고 싶은가? 그렇다면 당신 자신의 역량을 더욱 계발시키기 위해 무엇이 우선순위가 될지 끊임없이 학습하고 고민하라. 일상의 모든 상황과 장소에서 인생의 진리를 배운다고 생각하라. 모든 곳에서 최선을 다해 실행하라. 또한 당신 주변에 있는 사람들을 참고로 목표에 대한 끈기를 향상시키는 방법을 연구하라. 그 대상이 누가 되든지 다양할수록 좋다. 위대한 종교 지도자에서부터 권위 있는 협회의 전문 강사, 지역 백화점에서 일하는 영업직원에서도 배울 점이 있을 것이다. 그러니 때와 장소를 가리지 말고 보고, 읽고, 묻고, 듣고, 학습하라.

제일 먼저, 목표에 대한 진득한 끈기를 기르기 위해서는 어디에서부터 출발해야 할지를 파악하라. 앞서 언급했듯이 자신이 고쳐야 할 단점은 자신도 미처 의식하지 못하는 부분에 있기 마련이다. 그러니 지금 당장 하던 일을 멈추고 다음의 평가서에 답해보라. 평가서는 2가지 방식으로 당신에게 도움을 줄 것이다. 첫째, 당신과 당신 팀이 현재 어느 정도의 끈기를 가지고 있는지 그 수준을 알려줄 것이고 둘째, 당신과 당신 팀의 끈기를 개선시킬 수 있는 기회를 찾도록 도와줄 것이다.

끈질긴 실행을 위한 평가서

각 문항에 해당하는 점수에 동그라미를 친다. 각 항목의 점수를 계산하여 합산하고, 점수별 해석을 참고하라.

먼저, 각 문항마다 동그라미 친 점수를 합산하라. 그러고 난 후 각 요소별 점수를 맨 아래 공식에 대입하여 전체 점수를 구하라.

끈기의 구성요소	언제나				전혀
	5	4	3	2	1

1. 집중도

1) 당신과 팀원들은 모두 목표가 무엇 인지 확실히 이해하고 있다.   5   4   3   2   1

2) 우리 팀의 주요 전략과 상관없는 것 에는 'No'라고 분명히 말한다.   5   4   3   2   1

3) 팀의 목표를 성취하기 위한 계획은 아주 간결하게 작성되어 있다.   5   4   3   2   1

합계 =   점

2. 역량

1) 나는 내 자신과 팀원들을 위한 SMART 목표를 설정한다.   5   4   3   2   1

2) 나는 나의 팀이 지속적이고 예측 가 능한 성과를 낼 수 있도록 시스템을 운영하고 있다.   5   4   3   2   1

3) 나는 과거의 팀의 성과를 보여주는 핵심 후행지표와 향후 팀의 성과를 보여주는 핵심 선행지표를 모두 점 검한다.   5   4   3   2   1

합계 =   점

3. 열정

1) 나의 팀은 팀의 계획, 각자의 역할,   5   4   3   2   1
   그에 따른 보상을 제대로 알고 있다.

2) 각각의 팀원들에게 진심으로 그들
   을 존중한다는 것을 표현한다.   5   4   3   2   1

3) 나는 팀의 가치에 따라 날마다 의사   5   4   3   2   1
   결정을 하고 있다.

합계 =   점

집중도×역량×열정 = 끈기

___점× ___점× ___점 = _____점

이 평가서를 작성하다보면 최종적인 점수의 편차가 몇 십점부터 몇 천 점까지 상당히 크다는 것을 알 수 있다. 이는 끈기를 구성하는 3가지 요소가 곱셈으로 연결돼 있기 때문이다. 마치 자라지 않을 때는 가만히 땅속에 있다가 자랄 때 한꺼번에 쑥 크는 죽순처럼 말이다. 각각의 구성요소의 점수가 높으면 높을수록 그 점수를 곱한 전체 합계는 기하급수적으로 커진다.

자, 그렇다면 이제 각자 얻은 점수를 해석해보자.

1,728~3,375	당신은 지치지 않고 계획을 꾸준히 실행할 수 있는 놀라운 끈기를 가지고 있다. 자, 당신의 추진력을 계속해서 앞으로 나가라.
729~1,727	계획에 대한 끈기는 그리 나쁘지 않다. 그러나 여기서 더욱 발전하고 싶다면 당신에게 부족한 요소를 찾아 더욱 계발하라.
27~728	끈기를 구성하는 3가지 요소의 점수 모두가 저조하다. 먼저 당신과 당신 팀의 목표의식부터 선명하게 하여 끈기의 기초를 다져라.

끈질기게 물고 늘어져라

자, 이제 게임의 시작종이 울렸다. 이제부터 어떻게 할 것인가? 구체적인 행동을 시작하라!

1. 끈기를 이루는 3가지 구성요소의 점수를 살펴보고, 그 가운데 가장 확실히 개선할 수 있는 것이 무엇인지 찾아내라. 그리고 구성요소 가운데 가장 낮은 점수를 받은 항목을 찾

아라. 그곳이 바로 당신의 끈기를 높이기 위해 출발해야 할 곳이다.

성공하는 개인과 리더는 약점을 개선하는 것과 동시에 자신의 장점도 더욱 살릴 줄 안다. 그러니 당신도 가장 높은 점수를 받은 요소를 찾아서 그것을 더욱 계발하라. 그 요소가 가진 장점을 이용하여 점수가 낮은 다른 구성요소를 개선해보라.

2. 이 책에서 당신에게 가장 취약한 구성요소에 해당하는 장으로 돌아가서 다시 읽어보라. 특별히 가장 낮은 점수를 받은 성공요소에 대해 더 많은 주의를 기울여야 할 것이다. 이제, 다음의 24시간 안에 당신의 끈기를 향상시킬 수 있는 단 하나의 행동을 선택하여 노력하라. 책에 제시된 예를 활용해도 좋고, 당신과 당신 팀을 도울 수 있는 행동을 해도 좋다.

성취도가 높은 사람은 자신부터 변화하기 시작한다. 그들은 '저 사람부터'가 아니라 '나부터'의 태도로 접근한다. 그런 사람은 팀 전체의 끈기를 향상시키고 팀원들에게 명령하기에 앞서 자신의 끈기부터 개선시키려 노력한다. 만약 끈기의 평가 결과 팀원들의 집중도가 낮다고 판단된다면 당신의 개인의 집중도부터 점검할 일이다. 팀의 역량이 낮게 나오면 당신의 역량부터 돌이켜보라. 팀원들의 열정이 저조한가? 그렇다면 당신의 열정부터 살펴보아야 할 것이다.

이제 어떤 행동이든 당신부터 시작해야 한다. 당신이 팀의 리더라면 더욱 중요하다. 당신이 부족하다고 생각하고 고쳐가길 바라는 행동을 현재시제, 일인칭 시점, 긍정적인 관점으로 작성하라. 여기 몇 가지 참고할 만한 예가 있다.

- 나는 팀의 '핵심 한 가지'를 확정해 팀원들에게 알린다.
- 나는 나의 '핵심 한 가지'에 도움이 되지 않는 3가지 일을 당장 중지한다.
- 나는 나 자신을 위해 SMART한 목표를 설정한다.
- 나는 팀의 성과에 대한 여러 가지 선행지표들을 식별하고 점검한다.
- 나는 팀에게 큰 그림에 대해 지속적으로 알려준다.
- 나는 팀의 가치에 따라 의사결정을 한다.

3. **당신의 행동을 긍정적인 습관으로 몸에 붙여라.** 한 가지

행동을 새롭고 긍정적인 습관으로 만드는 데는 28일이 걸린다고 한다. 그러니 무엇부터 고치고 싶은지 신중하게 선택하라. 당신의 귀중한 시간이 투자되기 때문이다. 당신은 '과도한 성취자'가 아니라, '탁월한 성취자'가 되고 싶을 것이다. 그렇기에 긍정적인 습관이 몸에 밸 때까지 한 가지에 집착해서 끈질기게 물고 늘어져라. 최소한의 계획을 세우고 그를 꾸준히 실천하는 것이 많은 결심을 한 후 점차 잊혀지는 것보다 낫다. 당신이 새해가 될 때마다 세우는 새해의 계획에 대해서 생각해보라. 한꺼번에 여러 가지 계획을 세우는 것보다, 단 하나에만 매달리는 것이 더 좋은 결과를 얻는 방법이다.

일단 결심을 하고 계획을 세웠다면 당신의 성공을 후원해주는 당신의 지지자들과 계획을 공유하라. 그러면 그 계획에 대해 책임감을 느끼게 되고, 끈질기게 고수하는 것이 훨씬 더 수월해진다. 결국 당신은 다른 사람에게 한 말을 끝까지 지키는 책임감 있는 사람이 될 수 있다.

28일 동안 하나의 행동을 습관으로 만든 후, 다시 이 책을 펴고 끈기를 개선시키기 위해 필요한 다른 행동을 정하라.

그리고 그 행동을 긍정적인 습관으로 계발해보자. 아기의 걸음마처럼 한 번에 단 하나씩 조심스럽게 수행하라. 그러면 집중도를 유지하면서도 목표에 대한 자신감과 추진력을 향상시킬 수 있으며, 그 결과 당신이 원하는 성공을 성취할 수 있을 것이다. **끈기를 향상시키는 일은 다른 위대한 일처럼 하루아침에 이루어지지 않는다.** 그러나 노력한 만큼 당신에게 놀랄 만한 결과를 보장해줄 것이다.

마지막으로, 달력에 앞으로 6개월 후를 표시하고 그때 다시 이 책을 펼쳐들어 당신의 끈기의 정도를 평가해보라. 만약 당신이 지금까지 제시된 전략을 단계적으로 성실하게 수행했다면, 당신과 당신 팀의 끈기 점수가 괄목할 정도로 성장해 있을 것이다. 한 차례 소나기 후, 하늘을 찌를 듯 자라나 있는 죽순처럼 말이다.

그렇다. 당신이 성공하는 방법은 1, 2, 3을 세는 것처럼 아주 간단하다. 현재의 계획을 끝까지 꾸준하게 실행한다면 성공은 눈앞에 있을 것이다. 당신은 이제 막 끈기를 키워나가는 과정에 있는 만큼, 집중도, 역량, 열정을 갈고 닦아 뛰어난 실행자로 거듭나길 바란다.

자, 이제부터 끈질기게 물고 늘어져라!

본 도서의 영어 원문을 실어드립니다.

하루하루 늘어나는 열정과 함께 영어 학습의 기회를 잡으시길 바랍니다.

"Frequently, the difference between success and failure is the resolve to stick to your plan long enough to win."
David Cottrell

adherence

noun

holding fast or sticking by;
consistent with

CONTENTS

"The problem with American business is not a lack of good ideas, but a lack of follow-through."

Mary Kay Ash

Introduction

How can I get my team to achieve more?

How can our organization get better results with fewer resources?

How can we improve productivity and morale at the same time?

How can I follow through better?

These questions are being asked today in conference rooms, meeting rooms, production floors and hallways of virtually every organization in America. However, these questions are merely symptoms of a bigger problem. The fundamental question is, "How can we con-sistently execute our plans?"

Leadership trends and techniques attempt to provide the answer as if there is a magic formula or secret strategy. However, the sheer number of techniques and programs leaves leaders mystified and confused— "What is the answer? Is it our culture? My team's skills? Our strategy?"

The promises of the latest leadership fads blind us from seeing how simple the answer really is—not necessarily easy, but certainly simple. This book not only gives you the answer to the why, it also goes a step further and shows you how.

Do not let the size of this book fool you. It is packed with practical ideas and simple steps for you and your team. Because your time is a precious and limited resource, This book cuts through the information clutter. The concepts presented are based on real-world experiences that have helped many people and organizations stick to their plans.

Knowing why and how certain teams consistently execute their plans will propel you ahead of your competition. Whether you lead an entire company or a small department, applying the actionable steps found in this book will advance your team to higher levels of achievement⋯guaranteed.

Read, enjoy and stick to it!

ADHERENCE EQUATION

Success does not depend upon the brilliance of your plan, but upon the consistency of your actions.

What is Adherence?

How many times have we been told the formula for maintaining a healthy weight is to eat a balanced diet and exercise regularly?

Everybody knows the formula, although sophisticated marketers package it in many creative ways. If we all know what the formula is, why is it so difficult to apply it to our lives? The secret to losing weight is not in knowing the formula, it is in applying what we already know.

Every year on January 1st, people make new resolutions. It is a time to start fresh, to implement new plans for various areas of our lives. But we all know what happens⋯about 70% of all New Year's resolutions last less than one month. Many last less than a week or even a day. We do not have bad intentions, it is just that most of us do not stick to it long enough to create a new habit — a new way of behaving.

The same process happens in organizations every day. Leaders develop brilliant strategies and are initially motivated to implement them. And yet, most leaders do not stick to their strategies long enough to complete them and achieve the desired results.

Most organizations understand how to develop a

strategy, but many fail to successfully execute it. To illustrate this, consider that in a typical year, 40 CEOs from the *Fortune 200* are removed from their posts. Why? Of course, some had poor strategies. However, the most common reason CEOs lost their leadership position was because they did not fully execute their strategies.

Lack of strategy execution is not isolated to CEOs. Leaders at all organizational levels experience challenges executing their plans. In fact, the greatest challenge for today's leaders is not the lack of well thought-out strategies, but the lack of disciplined execution of those strategies. The game is won not by creating new strategies, but by sticking to your current strategy—it is called **Adherence**.

So how do you achieve Adherence? Based on the experiences of high-achieving individuals and teams, there are three components of Adherence: Focus,

Competence and Passion. The relationship between these three components is best illustrated by a multiplication equation:

$$\text{Focus} \times \text{Competence} \times \text{Passion} = \text{Adherence}$$

When you think about Adherence this way, the critical role of each component becomes clear. For example, on a scale from 0 to 10, if one component is missing (Focus = 0, Competence = 4, Passion = 8), there can be no Adherence.

$$0 \times 4 \times 8 = 0$$

There is also an exponential relationship between the three components. In other words, a higher level of Focus, Competence or Passion will result in a dramatic increase in Adherence. As you increase each component, you build momentum toward executing your strategy.

A team builds momentum as it adheres to its plan the same way you build momentum when you achieve small goals that lead to bigger goals. The required effort decreases over time as actions become habits, and the momentum increases, resulting in a self-reinforcing cycle of achievement.

The results of building Adherence can be compared to the results of planting a bamboo seed. When the seed is planted and nurtured, it can take up to two years for a sprout to break through the earth. But once it does, it can grow over 100 feet in two weeks! This accurately describes the journey and benefits of building Adherence.

"We are what we repeatedly do. Excellence, then, is not an act but a habit."
— Aristotle

Adherence and Strategy

If we look at what sets high-achieving individuals and teams apart from their peers, we discover their actual strategies are much less important than their ability to stick to them. A mediocre strategy with strong Adherence will produce better results than a brilliant strategy with minimal Adherence. We can see this relationship in another equation:

Adherence

Strategy + (Focus $\times$ Competence $\times$ Passion)
= Achievement Level

This equation illustrates that the quality of your strategy has only an additive impact on your achievement level. However, Adherence has an exponetial impact on your achievement level. For instance, if you had a great strategy — rated a 9 on a scale of 10 — but your Adherence was marginal (Focus = 2, Competence = 4, Passion = 3), your achievement level would be:

$$9 + (2 \times 4 \times 3) = 33$$

What if your strategy was poor? If your strategy rated a 2 on a scale of 10, but you slightly improved your Adherence (Focus = 3, Competence = 5, Passion =

4), your achievement level would increase dramatically:

$$2 + (3 \times 5 \times 4) = 62$$

Small improvements in the components of Adherence result in an 88% increase in achievement level, and that is with a poor strategy!

A recent study of Fortune's Most Admired Companies offers compelling support to this relationship between strategy and Adherence. This study looked at the issue of execution—how well companies have mastered the art of Adherence. The researchers found that all of the companies studied:

➤ See strategy as important;
➤ Have detailed implementation plans; and
◀ Use strategy to help identify what to stop doing.

Surprisingly, these factors are not what differentiate companies that made the Top Ten Most Admired list in their industry. All of the companies seem to talk the "planning and strategy talk." The characteristics that are unique to the Top Ten Most Admired Companies and separate them from their industry peers are:

1. Roles are clearly defined for executives, managers and employees.
2. Business needs and visions are communicated deep into the organization.
3. Performance measurement is continuous and aligned with the strategy.
4. Leaders are held accountable — both personally and for their teams.

It is certainly nice to be recognized as one of America's Most Admired Companies. However, bottom-line results are also key indicators of an organization's health. So how do the Top Ten Most Admired Companies compare in that respect? Below is a comparison of shareholder returns for these same companies versus the S&P 500.

	Returns of Top Ten Most Admired	Return for S&P 500	Difference
Year of Study	9.7%	-11.9%	+21.6%
Previous 5 Years	25.5%	10.7%	+14.8%

These are pretty amazing differences! They are even more amazing when you consider the simplicity of the four differentiating characteristics.

Could it really be that simple?

Yes, it is. The difference between the Top Ten Companies and the rest of the pack is that they do the basics exceptionally well. The researchers concluded that for the Top Ten Companies, strategy execution is not an exercise — it is the focus of everything they do.

"The focus of everything they do" is just another way of saying they have high Adherence to their strategy. These companies know how to create a strategy; but more importantly, they achieve superior results because they know how to stick to it.

The same holds true for high-achieving individuals. They do not do anything mysterious to achieve their results. They do not follow the newest fad or trend. They execute the basics, day in and day out, whether it is how they exercise, eat, learn, invest or work. The critical difference is their ability to adhere to a plan, any plan — that is what sets them apart.

The ultimate competitive advantage, organizationally or personally, is being the very best at implementing a plan. Your greatest challenge is not creating a new plan. Your greatest challenge is adhering to your current plan. **Spend more time on Adherence and less time creating a new plan.**

If you are trying to achieve and sustain greater results for your team, applying the principles of Adherence is your ticket! So let's take a closer look at Adherence. The following chapters describe the success factors for each component of Adherence: Focus, Competence and Passion.

Adherence Enemies

Many leaders do not know why their teams do not consistently adhere to their plans. A key step on your journey toward better Adherence is to understand the "Adherence Enemies" — the most common reasons people and teams do not stick to it.

The four Adherence Enemies will be highlighted throughout the book. You will notice a common theme among them — they all begin with YOU!

As you read, think about your biggest Adherence Enemies and then identify strategies to fight them. As a result, you will immediately start to create a unique and powerful advantage for you and your team.

FOCUS

"If you don't know where you are going, you will probably end
up somewhere else."
—Laurence Johnson Peter

The "Ship is Adrift" Syndrome

As a leader, your team sees you as the captain of the ship. Your team needs you to provide focus, direction and clarity. However, the pressures of day-to-day demands can force you to switch between various strategies or look for quick fixes. Giving in to these pressures can diffuse your team's focus.

A leader's inconsistency leaves team members questioning who is piloting the ship and in which direction it is going. **Inconsistency is, in essence, the anti-focus.** Employees wonder, "Why should I put effort into this when something else will be a priority next week?" Inconsistent focus is one of the quickest ways to undermine your credibility with your team.

So, what is the solution for improved Adherence and higher achievement? As captain of your team, set your course and stick to it.

"The secret to success is constancy of purpose."
—Benjamin Disraeli

• Focus × Competence × Passion = Adherence

Focus is a key distinguishing characteristic of high-achieving leaders and teams. A crystal clear focus helps team members prioritize and more easily connect their actions to the goals of the team, resulting in a greater sense of purpose. Maintaining focus for your team keeps everyone "marching in the same direction." This component of Adherence is the most challenging one for leaders, because work environments create many distractions that can diffuse your focus. However, leaders have more control over their focus than they might think.

High-achieving leaders hone their focus. They know what is most important to their teams and do not let other priorities get in the way. They know when to say "No" to projects and tasks that might diffuse their focus, because they understand their time and energy are limited resources. They cut through a world of complexity to keep things simple—they know simplicity produces teams that are efficient, fast and focused.

Let's look at each of these three success factors in detail:

1. Find your "One Thing."
2. Know when to say "No."
3. Keep it simple.

Find Your "One Thing"

One of my favorite movies is *City Slickers*. In the movie, a group of friends from the city takes a "vacation" at a dude ranch. Curley, played by Jack Palance, is a hard, crusty old cowboy full of wisdom. He gives some great advice to Mitch, played by Billy Crystal, who is facing some mid-life questions. Here is the scene:

Curley You all come out here about the same age.
Same problems. Spend fifty weeks a year
getting knots in your rope – then you think
two weeks up here will untie them for you.
None of you get it. Do you know what the
secret of life is?

Mitch No, what?

Curley This. (Holds up his index finger.)

Mitch Your finger?

Curley One thing. Just one thing. You stick to that
and everything else don't mean [anything].

Mitch That's great, but what's the one thing?

Curley That's what you've got to figure out.

Great scene···great advice. Leaders have to figure
out the One Thing that defines a meaningful purpose
for their teams.

The One Thing should answer the question, "Why are we here?" You may think that finding your focus is not critical; but in fact, it is essential to your success. **The most important thing in business (and life) is to decide what is most important.**

Your team's One Thing might be: producing defect-free products; providing the fastest service available; developing leading-edge products; creating relationships that customers cannot walk away from; or meeting the technology needs of other departments. These are just examples — your One Thing has to be your One Thing. And it should guide all of your decisions and actions.

Even after you find your One Thing, sticking to it can be a challenge while you put out fires and explore new opportunities. Do not be tempted to think, like many leaders, that you can keep piling on the initiatives and still maintain your team's focus. You may find yourself in the middle of the "Ship is Adrift" syndrome (Adherence Enemy #1).

Instead, consider automating, streamlining or outsourcing areas that are not core to your team's operation.

Defining and maintaining your team's One Thing is not as easy as it may sound. For instance, on a scale of 0 (no focus) to 10 (crystal clear focus), if a team's focus is rated a 9 at the leadership level, it is likely to be rated a 6 or 7 among frontline workers. To execute consistently, **communicate your One Thing to every person on your team.**

A laser-sharp focus does not happen overnight. It takes time and effort to refine, reinforce and communicate your One Thing, but it needs to start now. Blurred focus creates confusion, resulting in diffused employee efforts. Stay focused!

"Things that matter most must never be at the mercy of things that matter least."

—Johann Wolfgang von Goethe

Know When to Say "No"

High-achieving teams are clear about their One Thing and are passionate about it. This powerful combination creates leadership courage and enables leaders to make difficult decisions for their teams. Developing leadership courage helps you more swiftly decide to channel resources away from non-critical areas or replace a team member. **The conviction to make tough decisions is a key differentiator of teams who adhere to their plans.** These decisions are not perceived as sacrifices or compromises for those who are focused and passionate.

One important way to demonstrate your team's focus is to say "No" to activities that do not support your One Thing. Saying "No" helped Walgreens outperform the stock-market average 15-fold between 1975 and 2000. At one point, Walgreens owned over 500 restaurants. They decided their future was in convenience drug stores and that they would be out of the restaurant business in five years. They courageously stuck to their commitment, which required saying "No" many times to ensure a redirection of resources to their new future.

Saying "No" also applies to the day-to-day decisions you make as a leader. For example, if you spend two hours in a meeting that does not help your team achieve its One Thing, you pay an opportunity cost by spending time on tasks that do not support your focus. If you find yourself saying, "That was a waste of time," "Boy, that didn't add any value" or "Why was I attending that meeting?" — these may be signs that you need to say "No."

As a leader, you might use meetings as a way to conduct business. When you call a meeting, think about the salaries of each attendee and the potential time they could be working on your One Thing instead of being in the meeting. You decide how to use your team members' time, so make sure you are getting the best return for their time investment. Of course, meetings can be both necessary and useful; but they can also diffuse your focus if you do not know when to say "No."

When planning your team's activities, create a

"Stop Doing List" in addition to all of the new work you must perform to execute your plan. Identify those activities, tasks, reports, meetings and projects that do not directly support your One Thing. Interestingly, your "Stop Doing List" often has a bigger impact on your team's ability to focus than the list of "To Do's."

Saying "Yes" to one thing always means saying "No" to something else. Your time, energy and money are precious resources — if you spend them in one area, they are not available to be spent in another area. Communicating this message deep into your team enables employees to say "No" to non-value-added tasks and stay focused on executing your plan.

"I don't know the key to success, but the key to failure is trying to please everybody."
— Bill Cosby

Keep It Simple

Keeping things simple for your team helps them stay focused on your One Thing. For example, a study of 39 mid-sized companies found that **only one characteristic differentiated the winners from the less successful companies: simplicity.** Winners sold fewer products, had fewer customers, and worked with fewer suppliers than other companies in the same industry that were less profitable. This study found that simple, focused operations were more profitable.

The 80/20 Principle (also known as the Pareto Principle) helps explain the power of simplicity. The 80/20 Principle is pervasive in our world:

- 80% of traffic jams occur on 20% of roads.
- 80% of beer is consumed by 20% of drinkers.
- 80% of classroom participation comes from 20% of students.
- 20% of your clothes will be worn 80% of the time.

The 80/20 Principle is also alive and well in most organizations:

- 80% of profits come from 20% of customers.
- 80% of problems are generated by 20% of

employees.

◥ 80% of sales are generated by 20% of sales people.

If the 80/20 Principle exists in your organization, then the most profitable 20% of your business is 16 times more profitable than the remaining 80%. The same logic applies to your customers, products, regions and employees.

The question is, "How do you decrease complexity?" The answer is to focus on your vital few (the 20%). Do not only rely on your instincts to identify your 20% – use data to determine the truth about your team's performance. Look at your processes, systems, customers, services and people to find the 20% that drive the majority of your productivity, activity, waste, conflict or down time.

For example, you may find that only two types of

errors cause 80% of the rework your team performs or that only a few team members produce 80% of your team's output. You may also discover that a small number of the services you provide generates the largest amount of activity for your team or that a particular department causes 80% of the conflict for your team.

Remember that your vital few can drive negative or positive results. Once you have identified your vital few, create ways to leverage the ones that help your team achieve its One Thing. On the other hand, involve your team in eliminating, minimizing or automating the ones that hinder your team's focus.

Keeping it simple keeps you focused!

"Genius is the ability to reduce the complicated to the simple."
—C.W. Ceram

Applying Personal Focus

Cyclist **Lance Armstrong** is a great individual example of maintaining focus. His clarity of focus enabled him to overcome cancer and achieve unprecedented results in the sport of cycling. When he began training after his cancer treatments, he watched as mothers pushing jogger strollers passed by him. Two years later, he won the Tour de France. His focus helped him use his situation as motivation rather than discouragement and enabled Lance to win the Tour de France six consecutive times.

COMPETENCE

"If a man does his best, what else is there?"
—General George S. Patton

Blind Spots

Because your greatest liability is the one you are **un**aware of, you must first know the enemy before you can conquer it. Regardless of how well we know ourselves, most of us have personal and professional blind spots — characteristics others see about us, but we do not see about ourselves. A blind spot is any situation where our perceptions about ourselves are different than reality.

For example, a team leader may feel his team provides excellent customer service, but other teams have created "work arounds" to avoid dealing with them. Another example is the individual who thinks she is a great listener, but everyone else knows she will not stop talking! The problems that arise from blind spots can be challenging for leaders and those around them and can lead to dysfunctional behavior, much like the emperor who wore no clothes.

The higher a leader is in an organization, the more his/her information is filtered. In other words, **the higher the leader, the more organizational blind spots he/she is susceptible to.**

As a result, leaders can mistakenly believe their teams possess the skills and competencies necessary to execute a particular plan, when in fact they do not.

The best way to see your blind spots is to ask for, and listen to, feedback about you and your team.

"Beware of no man more than thyself."
—Thomas Fuller

Focus × Competence × Passion = Adherence

Focus and passion will certainly get your team a long way on the journey toward Adherence, but they are not enough. Competence is the bedrock of Adherence. It describes more than just your team's skills and knowledge. Competence represents anything that improves your team's ability to perform, including processes, systems and structures.

Competence is also the component that drives sustained execution of your strategy. As a leader, you hold the key to many critical processes and systems that will enable your team to consistently perform — goal setting, measurement, feedback, recognition, training and communication.

High-achieving leaders know that developing competence helps their teams stick to it. They employ three success factors:

1. Elevate the average.

2. Get systematic.

3. Balance your view.

Elevate the Average

Everyone would agree that a key to having a great team is to have great people on the team. In fact, some leaders think that mediocre people + great strategy = mediocre results. This thinking assumes you need great people to achieve great results. At face value, this equation seems valid and logical. However, as

Yogi Berra said, "In theory, there is no difference between theory and practice. In practice, there is."

In reality, our world consists of mostly average performers. You have some superstars and you even have some falling stars, but the majority of workers are middle stars. To achieve excellent results with average performers, you must have consistent execution. Therefore, a more realistic formula is:

**Average Performers + Consistent Execution
= Excellent Results**

Of course, you should always hire the best people possible; but the real challenge for leaders is to elicit consistent effort from all employees. Since most employees are average, those leaders who elevate employees' performance will set their teams apart.

One of the most basic, yet effective, ways to elevate

your team's competence is to define clear goals. (Remember, the Top Ten Most Admired Companies outperformed their peers by doing the basics.) High-achieving leaders keep their teams accountable for measurable objectives and for hitting milestones along the way. To do this, they work with their team members to write **SMART** goals:

Specific
- What will be accomplished?
- With whom?

Measurable
- How will we know the goal has been achieved?
- How will we measure it? (Quality, quantity, cost, timeliness?)

Attainable
- Can the goal be accomplished?
- Does the person responsible have control over

the outcome?

Relevant

▲How does this goal support our team's One Thing?

▼ What is the relative priority of this goal?

Time-framed

◤ When does this goal need to be completed?

▸When are the checkpoints?

The Measurable and Time-framed aspects of SMART goals tend to be the biggest barriers to sticking to it. Make sure you can fill in the blank, "I will know I have achieved my goal when _____." Once you know what result you are trying to achieve, you can determine if you are measuring quality, quantity, cost or timeliness of your performance. Be specific about when you want to achieve your goal— "next year" is not specific enough. Finally, state your goal positively, personally and in the present tense.

Although writing SMART goals can be tedious, those leaders who take the time to do so end up spending less time dealing with performance problems and more time sticking to their plans.

Here are some examples of ineffective goals and SMART goals:

Ineffective Goal	SMART Goal
I will improve my efficiency.	I log all of my tasks into my calendar and prioritize them based on my team's One Thing. I say "No" to my top three time wasters. I do not leave work until I finish all of my "A" priorities.
I will delegate better.	First thing Monday morning, I identify the key tasks for our team that week and match them with team members' skills. I spend 10 minutes with each team member to ensure they know what

	is required. I provide the resources team members need to complete the tasks I have delegated to them.
I will build a better culture on my team this year.	I have regular meetings with each team member to better understand what I can do to help them succeed. At least once a month, I identify a team accomplishment worth celebrating.

Writing SMART goals is the starting point for elevating your team's average performance. After you have written SMART goals for yourself and your team, it is time to manage performance against those goals—coaching, providing feedback, taking corrective action, and recognizing good performance. Managing employee performance is frequently viewed as an administrative task or a Human Resources program.

However, **high-achieving leaders view performance management as an ongoing strategic tool** to elevate their team's average and build Adherence to their plans.

Elevating the average performer dramatically elevates your team's performance. Each member of your team should know exactly what she/he is working toward, its relative priority, how it will be measured and most importantly, how it helps your team achieve its One Thing.

"The most important thing about goals is having one."
— Geoffrey F. Abert

Get Systematic

Effective systems are another way to elevate the average performance of your team. Systems help ensure consistent and predictable execution of your plan. In other words, they build your team's competence.

Systems go way beyond your technical computer systems and include any defined, methodical, predictable way of doing work and making decisions. Systems create positive habits for your team. They help you efficiently and effectively:

- Make important decisions;
- Prioritize work;
- Develop new products and services;
- Plan new projects;
- Select and develop employees;
- Measure performance;
- Communicate with each other; and
- Resolve conflict.

Good systems do not appear by accident. Ask yourself, "What systems have I implemented to help my team members consistently execute their plans?" A sampling of systems that can help your team stick to it include:

- Team calendar or project plan;
- Regular reviews of performance;
- Defined training plan;
- Scheduled team-update meetings;
- Exception reports that identify only tasks that are off-plan;
- Documented customer complaint-resolution process;
- Selection and interviewing process;
- Monthly performance data posting for your team; and
- Standard way of discussing lessons learned after each project.

Your team's resourcefulness is a key to Adherence. A wise person once said, "The key to success is not to know everything, but to be able to plug up your ignorance within 24 hours." I think he was exactly right. As a leader, you cannot be an expert in every-thing your team does. Implement systems to help you quickly gauge if your team is on track and, if not, to identify the cause so you can take corrective action.

Winston Churchill said, "For the first 25 years of my life, I wanted freedom. For the next 25 years, I wanted order. For the next 25 years, I realized that order is freedom." Developing and implementing the right systems creates the order necessary to free you up to work on your business rather than in your business.

"Our goals can only be reached through a plan, in which we must fervently believe, and upon which we must vigorously act. There is no other route to success."
—Stephen A. Brennan

Balance Your View

High-achieving leaders are always scanning their environment. They step back to look at the big picture, and they dive into the details. They look at the past to learn from their experiences while planning for the future. They know that keeping a balanced view increases their competence.

High-achieving leaders understand the value of seeing both the big picture and the details. Too many leaders work from a 10,000-foot perspective without having a detailed knowledge of their people or business. Although a high-level perspective is necessary for leadership success, it should be accompanied by an in-depth understanding of your team.

Before you can effectively adhere to your plans, you must understand the details and needs of your team's operations — your cost, profit and customer satisfaction drivers. Leaders who make a habit of ignoring the little things will eventually find themselves ignoring the big things. Taking the time to really understand your business from both perspectives helps prevent blind spots (Adherence Enemy #2) for you and your team.

Another way to balance your view is to look at both the past and the future. Every team has a variety of performance indicators. Teams should understand the different types of indicators, what they mean and, most importantly, how to balance them.

Consider a measurement continuum. The two ends of the continuum represent the two types of performance indicators. **Lagging indicators** are the results of your team's past performance — they enable you to see if your plans worked as well as expected. **Leading indicators** are the drivers of your team's future performance — they give you early warning signs of problems. (Next page)

Many leaders only look at lagging indicators, typically financial ones. These lagging indicators are important to help you understand how you have performed in the past. However, they must be balanced with leading indicators that tell you how your team will perform in the future — six, nine or twelve months from now. A singular focus on lagging indicators

Financial Measures	Customer* Measures	Process Measures	Employee Measures
• Revenues • Costs • Profits	• Complaint resolution • Customer satisfaction • Customer retention * Internal & external	• Quality • Cycle time • Productivity • Response time	• Employee satisfaction • Employee developme-nt • Employee retention

Lagging Indicators   Leading Indicators

Past   Future

gives you little opportunity for corrective action if your team drifts off course. Effective leaders look at both leading and lagging indicators of performance. This balanced view enables them to know what did happen and also anticipate what will happen.

So, as the captain of your ship, keep a balanced view of your team's performance to increase your competence and adhere to your plans. Chart your course (high-level plan) and ensure the deck is clean (details). While on your journey, check the wake of your ship (lagging indicators) and keep an eye on the horizon ahead (leading indicators).

> "Wisdom is your perspective on life, your sense of balance, your understanding of how the various parts and principles apply and relate to each other."
> —Stephen Covey

Applying Personal Competence

Erin Brockovich-Ellis is a superb example of someone who developed her personal competence. She was a single mother of three young children, with no money and no formal education; yet she single-handedly put together a case to win the largest toxic tort injury settlement in U.S. history. Erin proved that with strong determination and focus, and not much more, you can achieve great things. She built her knowledge in the legal world against all odds and won a $333 million settlement for her clients. Her determination to improve her skills elevated her to expert status in her field.

PASSION

"Nothing great was ever achieved without enthusiasm."
— Ralph Waldo Emerson

Adherence Enemy #3

Negative Assumptions

Your assumptions or view of the world will consistently predict your actions and the results you achieve. Assumptions in and of themselves are not bad. It is how your assumptions influence your actions that make them your best friend or your worst enemy.

As a leader, your assumptions have a significant and lasting impact on your team. Your assumptions affect your responses to other people and situations. Your responses, in turn, directly influence others' reactions to you — when team members observe your behavior, they begin to create their own assumptions about you. These assumptions drive their responses to you, and a reinforcing cycle develops. This cycle forms the limits, either high or low, of your team's achievement level.

For example, if you assume your team can achieve a challenging goal, you will act as if they can, and they will respond accordingly by achieving that goal. On the other hand, if you hold negative assumptions about your team, you will act consistently with those assumptions. You may hear yourself saying, "We will never get this project done in time" or "If only that other department would do their part, we could be successful." Your resulting actions—the way you assign tasks, relate to others or set performance expectations—will likely elicit negative reactions from others. Their reactions reinforce your negative assumptions, and a negative cycle has started.

High-achieving leaders know their behavior tells the truth about their assumptions. They also know their assumptions have a direct impact on their team's ability to adhere to their plans.

"The most important conversation you will ever have is the one you have with yourself."

—Anonymous

Focus × Competence × Passion = Adherence

The most common characteristic of high-achieving leaders, and high-achieving people in general, is a deep sense of passion for their One Thing. Although focus and competence are critical to Adherence, passion is the glue that helps teams stick to their plans over the long haul.

Having passion for a particular goal — personal or professional — provides the energy and motivation to take the necessary actions to achieve that goal. Researchers who study high achievers now consider passion to be the "missing link." It is the intangible component that explains why some people and teams are able to adhere to their plans.

To improve your team's Adherence, develop the three success factors for building passion:

1. Paint the picture.

2. Give what you want.

3. Value your values.

Paint the Picture

We have discussed creating focus and developing competence. These are the things that capture the minds of your employees. To capture their hearts and ignite their passion, we must meet one of their most basic psychological needs — to contribute to something bigger than a job, to find meaning in life.

Picture this scenario: Three people were crushing rocks side by side on a construction job. When they were asked, "What is your job?" the first person answered, "My job is to do what I am told for eight hours a day so I can get a check." The second person replied, "My job is to crush rocks." The third person said, "My job is to build a cathedral."

Which of these three people do you think would be the happiest, most productive and go the extra mile? No doubt the third person, who understood his job was far greater than just crushing rocks. He understood he was contributing to a purpose greater than his own efforts.

When people work hard for something they believe in, a high degree of passion develops. This passion cultivates a mental toughness that enables employees to see opportunities in situations that might be seen as obstacles by others. Creating a sense of meaning for employees and developing that passion elicits discretionary effort and a willingness to sacrifice for the greater cause.

For example, after the economic fall-out of September 11, 2001, Southwest Airlines' employees voluntarily forfeited $5 million in vacation time and $1 million in pay to help the company stay financially viable. Employees also took over the lawn and facility maintenance at corporate headquarters. These employees had a deep sense they were contributing to something larger than themselves — in this case, the survival of their employer (and to many, their "family"). The sense of meaning Southwest had nurtured helped its employees see this situation as an opportunity to contribute rather than something out of their control.

The foundation for creating a meaningful work environment is to help employees see how they fit into the big picture. People will naturally become more passionate about their work when they clearly understand they are a part of something bigger than themselves. As a leader, you must be able to answer the four questions employees commonly ask (and they are asking these questions — whether you hear them or not):

1. Where are we going? (Strategy)
2. What are we doing to get there? (Plans)
3. How can I contribute? (Roles)
4. What is in it for me? (Rewards)

Once employees see the big picture, the next step is to help them find a greater purpose in every project and task they perform. To help make this connection for employees, be prepared to answer the question — "Why do I have to do this?" (HINT : The answer is not, "Because I am the boss.")

Here are some additional tips for creating a meaningful work environment:

- Draw a clear connection between employees'
  work and your team's One Thing.
- Give employees the tools and autonomy to take
  ownership of their goals.
- Challenge employees to develop new skills and
  areas of knowledge.

Creating meaningful work for your team might seem like a soft, intangible process; but high-achieving leaders know it yields hard, tangible results.

> "The more I want to get something done, the less I call it work."
> — Richard Bach

Give What You Want

Contrary to popular belief, most employees do not quit their jobs because of compensation or something "the company" did. Employees typically quit because of how they were treated by their direct supervisor. **People quit people, not companies.** And it often comes down to a simple matter of respect.

We all want to be treated with decency and respect. The best way to get respect is to give it first. There are two ways to build respect: use good manners and appreciate the whole person.

Showing respect for others includes demonstrating good manners in obvious ways — smiling; saying please and thank you; using employees' names when you talk with them; and respecting others' time. This sounds like a list that should be posted on a kindergarten classroom wall; but it is amazing how frequently we forget these common courtesies in the course of a busy day.

Here are some other, less obvious, ways to show respect:

- Keep eye contact;
- Greet people before talking business;
- Apologize when late or interrupting;

- Converse instead of lecture;
- Avoid sarcasm; and
- Maintain emotional control.

These simple behaviors deepen respect and contribute to the complex concept of passion — passion for the work, workplace and workmates.

The second way to nurture respect is to appreciate the whole person. This appreciation is not something you turn on and off. Rather, it is woven into your day. Instead of seeing employees as a means to achieving your team's goals, your interest in them should be deeper.

Charles Plumb was a U.S. Navy pilot in Vietnam. After 75 combat missions, his plane was shot down; he ejected and parachuted into enemy hands. He was captured and spent six years in a Vietnamese prison. He survived the ordeal and now lectures on the lessons learned from that experience.

One day, Plumb and his wife were sitting in a restaurant when a man came up and said, "You're Plumb! You flew jet fighters in Vietnam from the aircraft carrier Kitty Hawk. You were shot down!"

"How in the world did you know that?" asked Plumb.

"I packed your parachute," the man replied. Plumb gasped in surprise and gratitude. The man pumped his hand and said, "I guess it worked!"

Plumb assured him, "It sure did. If that chute hadn't worked, I wouldn't be here today."

Plumb couldn't sleep that night, thinking about the man. He thought of the many hours the sailor had spent on a long wooden table in the bowels of the ship

— carefully folding the silks of each chute, holding in his hands someone's fate.

Plumb later said, "I kept wondering what he might have looked like in a Navy uniform — white hat, bib in the back, bell-bottom trousers. I wondered how many times I might have seen him and not even said, 'Good morning, how are you?' because, you see, I was a fighter pilot and he was just a sailor."

So, who is packing **your** parachute?

It is easy to appreciate the top performers who bail you out of tight spots. It is more challenging, but more meaningful, to appreciate everyone on your team regardless of their relative contributions.

Remember, at the end of the day, your success is based more on what your people do than what you do. We all have someone who provides what we need to make us more productive. Focus on the people, not titles.

The length of any given conversation with an employee is less important than the fact that we know something special about them (family members, outside interests, etc.). Sometimes, in the daily challenges life gives us, we miss what is really important. We may fail to say hello; congratulate someone on something wonderful that has happened to them; give a compliment; or just do something nice for no particular reason.

You build commitment to you and your team by appreciating employees and showing them respect in little ways. These actions will enhance the passion your team will show for your One Thing. Give what you want and you will get what you need.

"Constant kindness can accomplish much. As the sun makes the ice melt, kindness causes misunderstandings, mistrust and hostility to evaporate."

—Albert Schweitzer

Value Your Values

Just as important as what your team does is how your team does it — in other words, your team's values. Values help build a common focus and set of norms. Team values might include collaboration, innovation, zero defects or a customer-first commitment.

The word "communication" comes from the Latin root meaning "community." Your efforts to communicate team values play a key role in creating a unique community of employees.

Depending on how you communicate your values, you can build cynicism or passion with your team. Some leaders "sell" their values to team members by turning communication efforts into an internal PR campaign. Other leaders have certain negative assumptions (Adherence Enemy #3) about their teams and are uncomfortable letting go of their own interpretation of the values. They want to dictate the meaning of each value to every employee because, as the leader, they feel they know best. Be cautious if this is your tendency because **those who underestimate the intelligence of others tend to overestimate their own.** Think about it.

Instead, communicating values should be a natural

outgrowth of your passion for the team's One Thing. It is best to simply describe some behaviors that demonstrate each value. This helps employees understand the intended spirit of the values and minimizes misinterpretations. For instance, a team value of "the customer is always right" can be interpreted many ways, so providing some examples would help define the acceptable boundaries and intent of that statement.

Ultimately, for values to come to life and become more than a plaque on the wall, team members must see them as personally meaningful. Your team's values can create an important, emotional connection for employees. The key to developing passion is to allow team members to interpret or internalize the values as their own by having them ask questions such as:

➤ What do these values mean to me?

- How do these values make me feel?
- Is my on-the-job behavior consistent with these values?
- How can I do my job differently to better reflect these values?

If you do not value your team's values, no one else will. Take the time to communicate your team's values, and more importantly, live them!

"Communicate, communicate, communicate — until you are sick of hearing yourself. Then communicate some more."
— Jack Welch, Former CEO of General Electric

Applying Personal Passion

Dr. Taryn Rose followed her passion. She was a successful medical resident in orthopedic surgery and had invested 13 years into her medical training. She also had a passion for fashion. So when it came to her shoes, like many women, she chose style over comfort. As a surgeon, she spent many long hours on her feet correcting other women's feet from the effects of dama-ging shoes.

With her own feet aching, she decided there had to be better options for stylish and comfortable shoes for herself and thousands of other women. As a result, Dr. Rose left her years of training, good salary and stable environment behind and started a women's shoe business. She now runs an $8 million high-end shoe company, and her shoes are worn by many physicians and celebrities.

Those who choose to create their own path and follow their passion are immensely rewarded on every level. In addition to experiencing a tremendous sense of purpose and contribution, many people who chart their own course reap significant financial rewards for following their passion, just like Taryn Rose.

Outside-in Approach

Many leaders take an outside-in approach with their teams — they attempt to change their teams before changing themselves. They want their teams to be more focused, but they do not model focused behavior themselves. Although an outside-in approach can produce short-term change, it will never produce long-term, sustainable change. In fact, many organizational change efforts fail within the first eighteen months for exactly this reason — leaders take an outside-in approach to change.

Adherence works inside-out. You must start with yourself and lead by example. Effective team performance begins with effective personal performance. Leaders who attempt to impose changes on their team without participating in those changes will not be successful in adhering to their plans.

High-achieving leaders start with themselves.

"If you want to be successful, put your effort into controlling
the sail, not the wind."
—Anonymous

GETTING STARTED

You don't have to great to get started, but you do have to get
started to be great.

Adherence At-A-Glance

Component	Success Factors
Focus	Find your One Thing
	Know when to say "No"
	Keep it simple
Competence	Elevate the average
	Get systematic

	Balance your view
Passion	Paint the picture
	Give what youwant
	Value your values

Focus × Competence × Passion = Adherence

For high-achieving leaders, the pursuit of knowledge is important, but the pursuit of self-knowledge is critical to the effective execution of their plans. Knowing yourself and your team yields practical wisdom. Wisdom has little to do with age or experience, so do not get lulled into thinking you will become wise by virtue of time alone. Learn as much about yourself and your team as you possibly can.

As you continue your journey toward better Adherence, keep continuous learning a priority to develop your personal competence. Use life as your class-room. Search for best practices everywhere. Watch the people around you for examples of how to stick to it. You can learn from a great leader at your church, a speaker at a professional association meeting, or a particularly helpful salesperson at a local department store. Observe, read, ask, listen and learn.

Before you can start your journey toward Adhe-rence, you have to know where you are starting from. As stated earlier, your greatest liability is the one you are unaware of. **Stop right now and take a moment to complete the quick assessment on the following page.**

It will help you in two ways. First, it will identify your starting point by measuring your team's current level of Adherence. Second, it will help you discover opportunities to improve your team's Adherence.

Adherence Assessment

Circle your response to each statement. Refer to the Scoring section on

the next page to calculate and interpret your score.

First, add the numbers you circled to calculate a subtotal for each component of Adherence. Next,

Adherence Component	Always				Never
	5	4	3	2	1

1. Focus

a. Our purpose is clear to all team members.	5	4	3	2	1
b. It is easy to say "No" to initiatives that do not clearly fit my team's strategy.	5	4	3	2	1
c. Plans for achieving my team's goals are kept very simple.	5	4	3	2	1

Focus subtotal =

2. Competence

a. I establish SMART goals for myself and each team member.	5	4	3	2	1
b. I have systems in place to ensure consistent and predictable performance by my team.	5	4	3	2	1
c. I track key indicators of both past and projected team performance.	5	4	3	2	1

Competence subtotal =

3. Passion

a. My team understands our   5   4   3   2   1
   plans, their roles and rewards.

b. I demonstrate a genuine   5   4   3   2   1
   respect for each team member.

c. I use our team values to help   5   4   3   2   1
   make day-to-day decisions.

Passion subtotal =

Focus × Competence × Passion = Adherence

_____ × _____ × _____ = _____

---

input your subtotals in the formula at the bottom to determine your total Adherence score. You have to **multiply** your subtotals, so get out your calculator!

The wide range of possible scores on this assessment reflects the exponential effect of building Adherence (remember the bamboo seed). Higher scores for each component of Adherence have a multiplier effect on your total score.

Here is how to interpret your total Adherence score:

1,728~3,375	You have high Adherence to your plans. Keep building on your momentum!
729~1,727	Your Adherence could be better. To improve, develop your lagging components.
27-728	Your scores on all three components were low – start by building a clear Focus for your team as a foundation for Adherence

Sticking To It

Okay, now the ball is in your court. What are you going to do? **Take action :**

1. Review your Adherence component subtotal scores and identify the one where you have the biggest opportunity for improvement. Within that component,

find the specific statement on the assessment that you rated lowest. **This is where you should start** to improve your Adherence.

In addition to developing their weaknesses, high-achieving leaders leverage their strengths. Make sure you also identify your strongest Adherence component and then leverage it. Use that strength to help you build the other components that may need some work.

2. Go back and reread the chapter that corresponds to your weakest component, paying close attention to the success factor you rated lowest. Now, **commit to one action YOU can take in the next 24 hours** to start improving your Adherence. Start with an example you read or use a tip that seems particularly relevant to your team.

High-achieving leaders start with themselves – they use an inside-out approach. They build personal

Adherence before they try to build their team's Adherence. If the Assessment indicated your team's focus is low, examine your personal focus. If your team's competence is subpar, check your own competence. If your team's passion is faltering, look at your personal passion.

Whatever action you choose to take, it must start with you. Write your action as a present, personal and positive statement. Here are some examples:

- I determine and communicate my team's One Thing.
- I stop doing three things that do not support my One Thing.
- I establish SMART goals for myself.
- I identify and monitor leading indicators of my team's performance.
- I consistently communicate the big picture to my team.

▾I live my team's values.

3. **Turn your action into a positive habit.** It takes 28 days of action and reinforcement to nurture a new, positive habit, so make your choice carefully. You want to become a high achiever, not an over-achiever, so stick to one action until you create a positive habit. It is better to make fewer commitments to yourself and keep them, than load up on commitments and watch yourself gradually falter (e.g., New Year's resolutions).

Share your commitment with others who want you to succeed. This will provide you with critical support for sticking to it and will keep you accountable to someone else.

After 28 days, come back to this book and commit to another action that will improve your Adherence. Build another positive habit from that action. Take baby steps, one at a time, to help keep your focus and to create successes upon which you can build confidence and momentum. **Achieving Adherence, like any other form of greatness, is not achieved overnight.**

Finally, mark your calendar for six months from now. Come back and retake the Adherence Assessment. If you have diligently followed the steps outlined above, you will see that your team's Adherence score has grown exponentially — just like that bamboo seed!

That's it. It is as simple as **1, 2, 3.** You are on your way to building Adherence.

Now, continue your journey by **STICKING TO IT!**

"Nothing in the world can take the place of Persistence.

Talent will not; nothing is more common than unsuccessful men with talent.

Genius will not; unrewarded genius is almost a proverb.

Education will not; the world is full of educated derelicts.

Persistence and determination alone are omnipotent."

—Calvin Coolidge

지은이

리 J. 콜란 *Lee J. Colan*

저자는 기업의 고문관이자 연설가로 활발한 활동을 하고 있다. 20년간 직접 기업을 경영하고 컨설팅한 경험이 있으며, 조지 워싱턴 *George Washington* 대학에서 산업/조직 심리학분야의 박사학위를 받았다. 그의 열정적이고 에너지 넘치는 강연과 프레젠테이션은 청중들을 사로잡는 것으로 유명하다. 또한 누구나 당장 업무에 사용할 수 있는 실용적이고 강력한 도구를 전달해 준다고 정평이 나 있다.

http://www.theLgroup.com

옮긴이

송경근

한국 기업에 맞는 경영전략(비전, 핵심역량) 수립과 경영혁신, 지식경영, 통합경영성과지표, 고객관계관리(CRM), 정보시스템(ERP) 구축 등 기업 컨설팅 프로젝트를 전문적으로 수행하는 하나컨설팅그룹의 대표다. 한국능률협회, (주)제일기획 경영자문위원, (주)금강기획 경영혁신 자문위원을 역임했으며, 현재 서울중앙병원(미션, 비전, BSC), (주)화천기계의 고문으로 활동하고 있다.

역서로는 《주식회사 예수》, 《기적의 사명선언문》, 《먼데이 모닝 커뮤니케이션 8일간의 기적》, 《로열티 레슨, 홀리고 사로잡고 열광한다》 등 다수가 있다.

한언의 사명선언문

Our Mission　─・우리는 새로운 지식을 창출, 전파하여 전 인류가 이를 공유케
함으로써 인류문화의 발전과 행복에 이바지한다.

　　　　　　　─・우리는 끊임없이 학습하는 조직으로서 자신과 조직의 발전
을 위해 쉼없이 노력하며, 궁극적으로는 세계적 컨텐츠 그룹
을 지향한다.

　　　　　　　─・우리는 정신적, 물질적으로 최고 수준의 복지를 실현하기 위
해 노력하며, 명실공히 초일류 사원들의 집합체로서 부끄럼없
이 행동한다.

Our Vision　　한언은 컨텐츠 기업의 선도적 성공모델이 된다.

저희 한언인들은 위와 같은 사명을 항상 가슴 속에 간직하고
좋은 책을 만들기 위해 최선을 다하고 있습니다.
독자 여러분의 아낌없는 충고와 격려를 부탁드립니다.
・한언 가족・

HanEon's Mission statement

Our Mission　─・We create and broadcast new knowledge for the
advancement and happiness of the whole human
race.

　　　　　　　　─・We do our best to improve ourselves and the
organization, with the ultimate goal of striving to
be the best content group in the world.

　　　　　　　　─・We try to realize the highest quality of welfare
system in both mental and physical ways and we
behave in a manner that reflects our mission as
proud members of HanEon Community.

Our Vision　　HanEon will be the leading Success Model of the
content group.